ぶどう畑で見る夢は

こころみ学園の子どもたち

小手鞠るい

原書房

ぶどう畑で見る夢は

こころみ学園の子どもたち

目次

プロローグ　こんにちは

わたしはこの山でいちばん
長生きのぶどうの木です
あたりには田んぼや畑《はたけ》が広がっている
のどかな村の山のふもとに
「子どもたち」と先生たちが力をあわせて
わたしを植《う》えてくれたのです

それからわたしは大地に根《ね》をはって
春には芽《め》を出し
夏には若葉《わかば》を広げ
秋にはたわわに実《み》をつけて
ここで生きてきました
冬には新しい春を夢《ゆめ》見ながら
もう何十年も

見上げると、山の斜面《しゃめん》では
たくさんのなかまたちがよりそって

枝葉《えだは》をのばしています
木と木のあいだに立って
いっしょうけんめい作業《さぎょう》をしている
「子どもたち」のすがたも見えます
わたしの根《ね》もとには、からっぽの犬小屋《ごや》
さくらちゃんという名の白いむく犬は
「子どもたち」のそばにいるのが好《す》きなのです

どこからともなく、風が吹《ふ》いてきました
やわらかな手のひらみたいなそよ風が

声を運《はこ》んできます
こんにちは

だれかがだれかにあいさつしています
こんにちは
ほがらかな声です
こんにちは
楽しそうな声です
こんにちは
もの静《しず》かな声です

こんにちは
ささやくような声です
こんにちは
こんにちは
こんにちは
わたしは耳をすまします
あなたにも聞こえますか？
こころみ学園の「子どもたち」の声です

第1章 春の手のひら

山が緑に染まってゆく

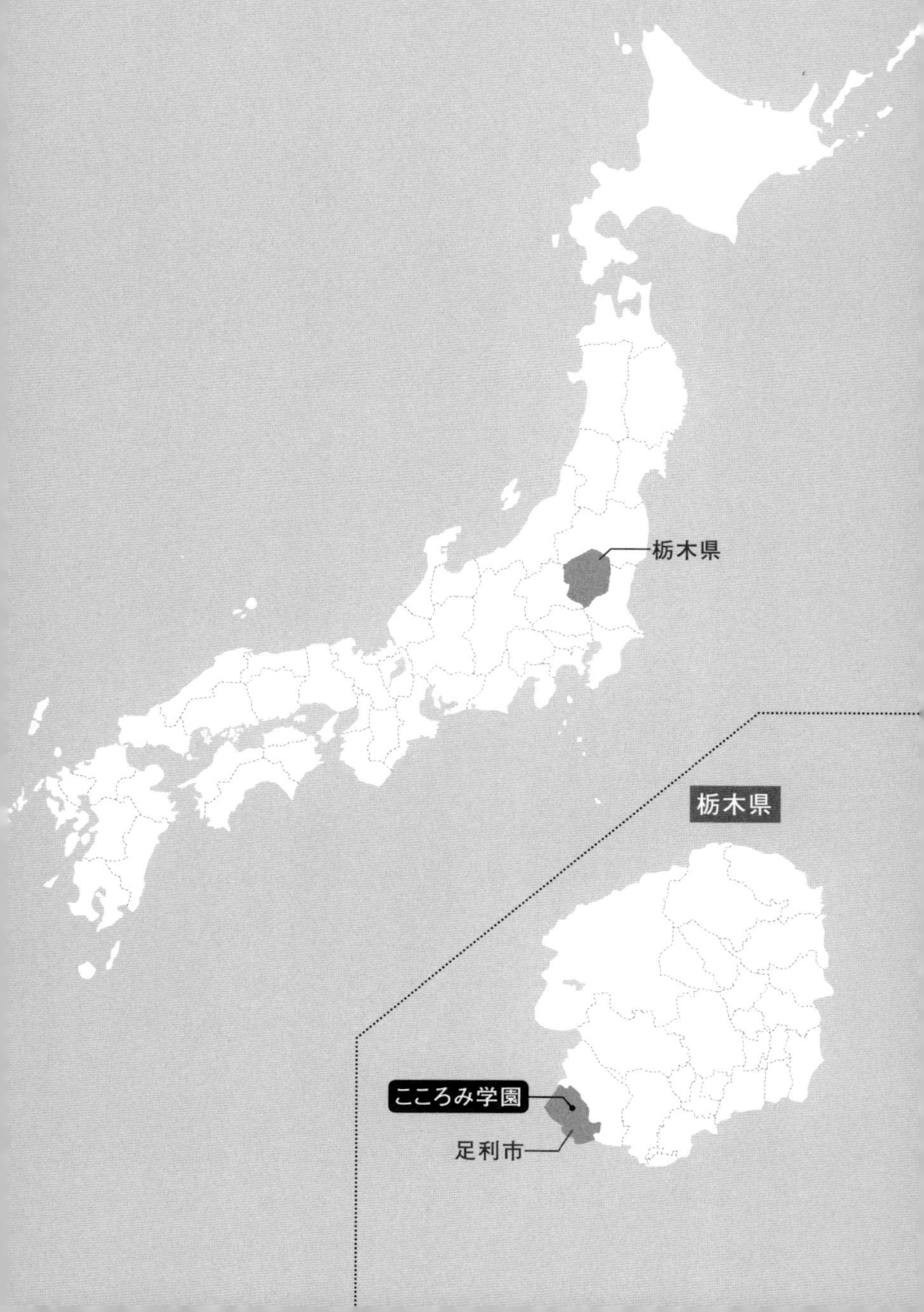
栃木県
栃木県
こころみ学園
足利市

こころみ学園の子どもたち

ここは栃木県足利市《とちぎけんあしかがし》。関東平野《かんとうへいや》の北の方《ほう》にある町です。町のまんなかを、渡良瀬《わたらせ》川という名の川が流《なが》れています。かなたには、足尾《あしお》山地と呼《よ》ばれている山々が見えます。山々に向《む》かって、古い町並《な》みを通りぬけていくと、急《きゅう》な山の斜面《しゃめん》につくられている、ぶどう畑《ばたけ》にたどりつきます。

そのふもとにたっているのが、こころみ学園です。

すぐそばには、畑《はたけ》でとれたぶどうからワインをつくっている、ココ・ファーム・ワイナリーの施設《しせつ》もあります。

敷地内《しきちない》には、レストランやギフトショップもあって、家族《かぞく》で食事《しょくじ》に来る人たちや、近くの町、遠くの町から訪《たず》ねてくる人たちで、いつもにぎわっています。

こころみ学園には、勉強《べんきょう》をするための教室はありません。机《つくえ》もいすもありません。授業《じゅぎょう》もおこなわれていません。テストも宿題《しゅくだい》もありません。

でも、そうじは毎日します。せんたくもしますし、料理もつくります。

友だちもたくさんいます。遠足《えんそく》にも出かけます。

ここでは、季節《きせつ》と大自然《しぜん》が教室。

日々の作業《さぎょう》が、授業《じゅぎょう》であり、テストであり、宿題《しゅくだい》でもあるのです。

親元《おやもと》を離《はな》れて、ここで暮《く》らしている子どもたちの数は、現在《げんざい》、およそ百人。職員《しょくいん》やスタッフの数も、だいたい同じくらいです。

子どもたちと、何人かの職員《しょくいん》は、美《うつく》しい自然《しぜん》に囲《かこ》まれたこの土地で、いっしょに生活しながら、いっしょに仕事《しごと》をしています。

仕事場《しごとば》は山のなか、畑《はたけ》のなか、林のなか。大地の上であり、太陽《たいよう》の下でもあります。

ときには雨にぬれながら、ときには泥《どろ》まみれになって、子どもたちは毎日、朝から夕方まで働《はたら》いています。

ぶどうのほかに、野菜《やさい》やしいたけも栽培《さいばい》しています。

子どもたちの年齢《ねんれい》は、十代《だい》から九十代《だい》まで。

男の人もいれば、女の人もいます。
夫婦《ふうふ》もいれば、お年寄《としよ》りもいます。
それなのになぜ、みんなは「子どもたち」と、呼《よ》ばれているのでしょうか。
わたしには、その理由《りゆう》がよくわかります。
なぜならわたしは、このぶどう畑《ばたけ》でいちばん長生きのぶどうの木ですから。
わたしも子どもたちといっしょに、ここで生きてきましたから。
さて、その理由《りゆう》をお話しする前に、みなさんにご紹介《しょうかい》したい人がいます。
川田昇《かわたのぼる》さんという人です。

やりたいことは何？

傾斜《けいしゃ》の角度《かくど》は、三十二度《ど》から四十五度《ど》。

まるで目の前に立ちはだかる壁《かべ》のような、この山の斜面《しゃめん》が開《かい》こんされ、ぶどう畑《ばたけ》がつくられたのは、一九五八年（昭和《しょうわ》三十三年）のことでした。

開《かい》こんが完成するまでには、二年という年月がかかりました。

山林や原野《げんや》を切りひらいて、農業《のうぎょう》などのできる土地に変《か》えていくことを「開《かい》こん」といいます。

山を開《かい》こんするためには、とほうもない労力《ろうりょく》が必要《ひつよう》です。道もついていない、けわしい山のてっぺんまで、登《のぼ》るだけでもたいへんなのに、そこで木を切りたおし、岩だらけの地面を掘《ほ》りおこして、土をならし、みぞをつくっていくのですから。

たいへんな開《かい》こんをみごとにやりとげたのが、川田昇《のぼる》先生と子どもたちです。

川田先生はそのころ、ある中学校で「特殊学級《とくしゅがっきゅう》」――当時《とうじ》の呼《よ》び名です――を受《う》け持《も》っていました。特殊学級《とくしゅがっきゅう》には、なんらかの知的障害《ちてきしょうがい》をかかえていて成《せい》長《ちょう》のしかたがゆっくりなため、勉強《べんきょう》に遅《おく》れがあったり、変《か》わった行動《こうどう》をしたり、問題《もんだい》を起《お》こしたりして、ほかの子たちとうまくつきあっていけない生徒《せいと》たちが通ってきていました。

授業《じゅぎょう》の始《はじ》まった日、川田先生は教室に入っていくと、目の前にすわっている中学生たちにたずねました。

「何かやりたいことがあるか？」

しばらくして、かえってきた答えはこうでした。

「何もやりたかねえや」

「絵をかこうか？」

「かきたかねえや」

「音楽やるか？」

「やりたかねえや」

「外へ出て運動《うんどう》するか」

「したかねえや」

「それじゃあ何がやりたい？」

「何もやりたかねえや」

まいったなぁ、と、川田先生は思いました。

みんな、まったくやる気がないのです。

ふにゃふにゃしている子、でれっとしている子、ぼーっとしている子。

共通《きょうつう》しているのは、目に輝《かがや》きがない、ということです。

それもそのはず、生徒《せいと》たちのほとんどは、知的障害《ちてきしょうがい》があるせいで、「おまえは何もしなくていいよ」と、両親《りょうしん》や家の人たちから甘《あま》やかされたり、「外へは

行くな」と、世《よ》の中から切り離《はな》されたりして、やりたいこともできないまま、何がやりたいのかもわからないまま、きょうまでの日々を過《す》ごしてきたのです。

現在《げんざい》とちがって、そのころはまだ、障害《しょうがい》のある子どもたちに対《たい》する理解《りかい》や教育《きょういく》、サポートなどが、じゅうぶんになされていませんでした。

悪《わる》いことでもいいから、やってくれればいい。だけど、悪《わる》いことをする、という気力さえ失《うしな》っている。これではいけない、このままではいけない、と、川田先生は考えました。

「じゃあ、遠足《えんそく》にでも行くか」

そう言って、川田先生は生徒《せいと》たちをむりやり連《つ》れ出すと、町はずれにある山のふもとまで、いっしょに歩いていきました。

すると、どうしたことでしょう。山へ向《む》かっているとちゅうで、生徒《せいと》たちがみんなで声をあわせて、歌を歌いはじめたではありませんか。しかも、とても気持《きも》ちよさそうに、楽しそうに。

歌声を聞きながら、そうか、そうだったのか、と、川田先生は気づきました。この子たちに必要《ひつよう》なのは、広々とした空間であり、山であり、緑《みどり》であり、自《し》然《ぜん》であり、陽《ひ》の光であり、澄《す》んだ空気であり、季節《きせつ》のかおりを運《はこ》んでくる風だったのだ、と。

「来てよかったか」

帰《かえ》り道、川田先生の問《と》いかけに、かえってきた答えはこうでした。

「よかった」

川田先生はふりかえって、ついさっき、見てきたばかりの山のふもとに目を向《む》けました。

松《まつ》がたくさん生えていて、松《まつ》の木の下には、草がしげっています。そこから先は、急《きゅう》な山の斜面《しゃめん》につづいています。

山の上には青空。青空には雲《くも》と太陽《たいよう》。

こういうところに、生徒《せいと》たちがのびのび過《す》ごせる場所《ばしょ》があったら、どんなにいいだろう。

今から六十年あまり前のその日、川田先生の見つめていた場所《ばしょ》に、こころみ学園とココ・ファーム・ワイナリーはたっています。

信《しん》じる力を持《も》った子どもたち

開《かい》こんから十一年後の一九六九年（昭和《しょうわ》四十四年）の十一月十四日、こころみ学園が「知的障害者《ちてきしょうがいしゃ》のための入所更生施設《にゅうしょこうせいしせつ》」として正式《せいしき》にスタートしたとき、園生は合計三十名でした。男女のわりあいは、十五人ずつ。みんな、なんらかの知的障害《ちてきしょうがい》をかかえて生きている子どもたちでした。

職員《しょくいん》の数は九名。園長は川田昇《のぼる》先生です。

スタートの前の年、学園の名前を決《き》めるために、先生たちはみんなで話しあいをしました。

頭をひねって考えましたが、なかなかいい名前が浮《う》かんできません。

「みんなで集《あつ》まって、ぶどう畑《ばたけ》をやってんべって言うんだから、『やってんべ学園』にするか」

川田先生の提案《ていあん》に、男の先生たちは賛成《さんせい》しました。

「そうだ、そうだ、『やってんべ』がいい」

「やってんべ」ということばは、栃木県《とちぎけん》の方言《ほうげん》。意味《いみ》は「やってみよう」です。自然《しぜん》のふところで、ぶどう畑《ばたけ》を中心にして、子どもたちといっしょに、働《はたら》きながら暮《く》らしていく。そのような生活を「やってんべ」という決意《けつい》をこめた名前です。

ところが、この名前に、女の先生たちはもうれつに反対《はんたい》しました。

「いやですよ、こんな名前」

「それに、名前って、いったん決《き》めちゃうと、あとからはなかなか、変《か》えられないんですよね」

「そうだな、変《か》えられないな、よほどの理由《りゆう》がないと」

「だったらよけいに困《こま》ります、こんなへんな名前。研究会《けんきゅうかい》へ行って、自己《じこ》紹介《しょうかい》するときに『わたしは足利《あしかが》のやってんべ学園から来ました』なんて言ったら、みんなからじろじろっと見られちゃいますよ」

川田先生は困《こま》ってしまいました。

「だって、ほかにいい名前がないんだから、しようがないがな」

ふたたびみんなで頭をひねりました。

「やってんべのかわりに何か、いい名前はないかしら」

「ためし学園？」

「……」

川田先生の頭のなかで、あることばがひらめきました。

「じゃ、こころみ学園はどうだ？　みんなでやってみよう、みんなでこころみてみよう」

「そうだ、そうだ、それがいい」

ついに全員《ぜんいん》の意見《いけん》が一致《いっち》しました。

こころみ学園を開くにあたって、川田先生は、四つの目標《もくひょう》をかかげました。

ひとつめは、子どもたちと職員《しょくいん》のあいだに、差《さ》をつけないということ。職員《しょくいん》は子どもたちと同じものを食べ、同じものを飲み、同じ宿舎《しゅくしゃ》で生活する。

ふたつめは、できるだけ質素《しっそ》な暮《く》らしを心がけること。

空腹《くうふく》をがまんして働《はたら》いたあとの食事《しょくじ》のおいしさ、寒《さむ》さや暑《あつ》さをがまんして働《はたら》いたあとのあたたかさとすずしさ、くたくたに疲《つか》れるまで働《はたら》いたあとの休けいや睡眠《すいみん》の喜《よろこ》び。これらを日々、体と心で味《あじ》わう。それが川田先生の理想《りそう》とする「質素《しっそ》な暮《く》らし」です。

三つめは、体を動かして働《はたら》きながら、心を育《そだ》てていこうという目標《もくひょう》。

心を育《そだ》てていくことによって、知的障害《ちてきしょうがい》によるさまざまな症状《しょうじょう》をおちつかせ、問題行動《もんだいこうどう》をあらためたり、直したりすることができる。さらには、子どもたちが本来、持《も》っている能力《のうりょく》を引きだしていくことができる。

四つめは、地域《ちいき》の人たちと協力《きょうりょく》しあって、助《たす》けあいながら、生きていく。こころみ学園の子どもたちが、ぶどうやしいたけ栽培《さいばい》によって身につけたことを、学園の外でも活《い》かせるようにしていく。

このような四つの目標《もくひょう》をかかげて、こころみ学園は歩きはじめたのです。

昔《むかし》も今も、子どもたちのなかには、ことばがうまくしゃべれない子、じょうずに会話のできない子がいます。とつぜん大きな声を出したり、とつぜん飛《と》びあがったりする子もいます。

学園に来るまでは、暴《あば》れたり、人にかみついたり、ものをこわしたりして、人にめいわくをかけている子もいました。じぶんでじぶんを傷《きず》つけていた子も。暴力《ぼうりょく》や問題行動《もんだいこうどう》のせいで、親元《おやもと》で家族《かぞく》といっしょに暮《く》らしていけなくなっていた子も。

けれども、こころみ学園で生活するようになってから、子どもたちは、文句《もんく》や愚痴《ぐち》を言わなくなりました。

ぞうきんが凍《こお》ってしまうほど寒《さむ》い日でも「寒《さむ》い、寒《さむ》い」なんて言わないで、だまって、体があたたかくなるまで体を動《うご》かして作業《さぎょう》をするのです。

こころみ学園の子どもたちの心は、とても純粋《じゅんすい》です。素直《すなお》で、まっすぐです。

まじめで、正直です。

世《よ》の中の多くの大人たちとちがって、人をうらぎったり、人をおとしめたりしません。そして、他人《たにん》を信《しん》じることができます。人を信《しん》じる力を持《も》っているのです。

それは、知的障害《ちてきしょうがい》のあるなしにかかわらず、みなさんも、どんな子どもでも持《も》っている、すばらしい力ではないでしょうか。

そういう力を、大人になっても持《も》ちつづけている「子どもたち」——。

これが、こころみ学園のみんなが、お年寄《としよ》りになっても「子どもたち」と、親《した》しみをこめて呼《よ》ばれている理由《りゆう》です。

こころみ学園の時間わり

起床《きしょう》時間は、朝の六時です。

起《お》きたらふとんをたたんで、パジャマやねまきを脱《ぬ》いで、洋服《ようふく》を身《み》につけ、顔を洗《あら》ったあと、部屋《へや》や廊下《ろうか》などのそうじをします。

七時になると、みんなは食堂《しょくどう》に集《あつ》まって、いっしょに朝ごはんを食べます。

食事《しょくじ》は朝、昼、夜の三食、すべてを、学園内にある調理場《ちょうりば》で、職員《しょくいん》とすいじ当番の子どもたちがつくります。下ごしらえ、配膳《はいぜん》、食器洗《しょっきあら》い、あとかたづけ

も、みんなで協力《きょうりょく》しあってやります。子どもたちも職員《しょくいん》たちももちろん、同じものを食べます。

朝ごはんの時間に、その日にどんな仕事《しごと》をするのか、話しあって決《き》めます。草刈《か》り、しいたけの原木運《げんぼくはこ》び、畑《はたけ》の石拾《ひろ》い、消毒《しょうどく》、ぶどうの笠《かさ》かけ、肥料《ひりょう》やり、収穫《しゅうかく》、収穫《しゅうかく》したものをかごに入れて運《はこ》ぶ、などなど、仕事《しごと》は季節《きせつ》ごとに毎日、いくらでもあります。

仕事《しごと》の内容《ないよう》は、天気によっても変《か》わってきます。天気のいい日にするべき仕《し》事《ごと》もあれば、天気のよくない日にするべき仕事《しごと》もあります。

食事《しょくじ》を終《お》えたら歯《は》みがきをして、九時十分くらいから、その日の仕事《しごと》を始《はじ》めます。

みんなはそれぞれ、じぶんにできる仕事《しごと》を選《えら》んで、働《はたら》きます。みずからすすんで、やりたい仕事《しごと》をするのです。

午前中はめいっぱい仕事《しごと》。お昼休みは一時間半。三十分でおべんとうを食べ、残《のこ》りの一時間は昼寝《ひるね》をして疲《つか》れをとります。

手づくりのおべんとうには、おいしいおかずとごはんがたっぷり。

午後はとちゅうで休けいをはさんで、五時ごろまで働《はたら》きます。

それから宿舎《しゅくしゃ》にもどって、お風呂《ふろ》に入ったり、休けいしたりして、六時半ごろになると食堂《しょくどう》に集《あつ》まって、夕ごはんを食べます。夕ごはんのあとは、食堂《しょくどう》やお風呂場《ふろば》のそうじをします。

夜の八時半からは自由《じゆう》時間。

消灯《しょうとう》の九時まで、思い思いに過《す》ごします。日記を書いたり、友だちとおしゃべりをしたり、音楽を聴《き》いたり。

金曜と土曜は、テレビを見てもいい日です。一週間の終《お》わりの土曜日は、十一時まで見てもいいことになっています。ことばのよくわからない子どもも、みんながテレビを見て笑《わら》っているときには、いっしょに笑《わら》います。笑《わら》うことで、心を通じあわせているのです。

日曜日と祝日《しゅくじつ》だけは朝の起床《きしょう》は八時ですが、月曜から土曜まではずっと、朝の六時に起《お》きて、夜の九時に寝《ね》る、規則《きそく》正しい生活を送《おく》っています。

この規則《きそく》正しい生活と、豊《ゆた》かな自然《しぜん》に囲《かこ》まれたぶどう畑《ばたけ》での仕事《しごと》によって、子どもたちの問題行動《もんだいこうどう》は、少しずつですが、よくなっていきました。それまではできなかったことが、できるようにもなってきました。

らんぼうだった子がおちつきを見せるようになり、ふてくされて何を言われても動《うご》かなかった子が朝六時になるとぱっと起《お》きて、みずからすすんでぶどう畑《ばたけ》に走っていくようになり、うまく歩けなくてすぐに転《ころ》んでしまっていた子が、急《きゅう》な斜面《しゃめん》をすいすい登《のぼ》れるようになったり。

そんな子どもたちの笑顔《えがお》を目にするたびに、わたしはとても幸《しあわ》せな気持《きも》ちになります。

そして、今は亡《な》き、川田昇先生のことばを思い出すのです。

――たとえ障害《しょうがい》を持《も》った人でも、だれもが持《も》っている力を出しきって、せいいっぱいに生きること、自立して生きること、それが大事《だいじ》です。

その「こころみ」をしてみよう。

物《もの》ばかりに恵《めぐ》まれた状況《じょうきょう》のなかで、包《つつ》みこまれるようにして生きていても、生きがいは生まれない。じぶんで勝《か》ちとったものでなくては、ほんものにならない。楽《らく》な状況《じょうきょう》にどっぷりつかっているだけの人間が、幸《しあわ》せだとは思えない。

ほどほどの貧《まず》しさをたいせつにしながら、たとえ障害《しょうがい》を持《も》っていても、人がほんとうに人らしく生きられる施設《しせつ》を、みんなでやってみようと思ったのです。

山が緑《みどり》に染《そ》まってゆく

あたたかい春風が、わたしの幹《みき》や枝《えだ》や芽《め》を、手のひらでやさしくなでるようにして吹《ふ》いてきます。

今は三月の終《お》わり。

ぶどう畑《ばたけ》の近くにある山も、遠《とお》くにそびえている山々も、まるで冬眠《とうみん》から目を覚《さ》ましたかのように、日ごとに活気をとりもどしていきます。わたしの目には、山が喜《よろこ》んでいるように見えます。

山には、いろいろな種類《しゅるい》の木が生えています。なら、くぬぎ、さくら、かつらなど。

樹木《じゅもく》についた新しい小さな芽《め》が、黄色《き》や黄緑《きみどり》からしだいに緑《みどり》に変《か》わっていき、やがて山全体を緑《みどり》に染《そ》め上げていくのです。

今朝、こころみ学園の子どもたちは、ぶどう畑《ばたけ》で「誘引《ゆういん》」と呼《よ》ばれている作業《さぎょう》をしています。

新芽《しんめ》を出しながら、ぐんぐん、のびはじめたぶどうの枝《えだ》を、棚《たな》のように張《は》りめぐらした針金《はりがね》に、バランスよく、一本、一本、結《ゆ》わえつけていき、枝《えだ》がまんべんなく良《よ》い方向《ほうこう》へのびていくように、誘引《ゆういん》――誘《さそ》い入れること――をするの

です。

根気のいる作業《さぎょう》です。すぐに肩《かた》がこったり、腕《うで》が痛《いた》くなったりします。けれども、弱音《よわね》をはく子どもはいません。しっかりと両足《りょうあし》で大地を踏《ふ》みしめて、もくもくとがんばります。

誘引《ゆういん》が終《お》わったら、ぶどうの芽《め》が生長《せいちょう》し、若葉《わかば》を広げ、つぼみをつけるのを待《ま》ちます。

ぶどうのふさは、小さなぶどうのつぼみが集《あつ》まって、できています。つぼみが開いて、花を咲《さ》かせ、花が散《ち》ったあとに残《のこ》るのが、秋に実《みの》るぶどうの実《み》です。

一本の木に、ぶどうのふさが多くつきすぎると、いい実《み》がなりません。そこで、子どもたちは、花が開く前に、およそ半分くらいのふさをつみとる作業《さぎょう》をします。

いつの年だったでしょうか。

ちょうど今ごろの季節《きせつ》に激《はげ》しい西風が吹《ふ》きあれて、若《わか》くて勢《いきお》いのいい新芽《しんめ》を全部《ぜんぶ》、そぎ落《お》としてしまったことがありました。あとに残《のこ》っていたのは、幹《みき》だけ。これでその年の収穫《しゅうかく》はもう、期待《きたい》できません。みんな、がっかりしました。

それが自然《しぜん》の力というものです。

自然《しぜん》はいつも、やさしいだけ、ではありません。

ときには情《なさ》けようしゃなく、人間の努力《どりょく》を無《む》にしてしまいます。

だからこそ、自然《しぜん》は偉大《いだい》なのだし、その自然《しぜん》のふところにいだかれて働《はたら》く日々と、日々のいとなみは、かけがえのないものなのだとわたしは思います。

今でもよく、思い出します。

こころみ学園がスタートしたばかりのころ、わたしの枝葉《えだは》や芽《め》にふれる子どもたちの手のひらや指先《ゆび》の、なんとやわらかかったこと。なんと白くて弱々《よわよわ》しかったこと。

それが、今ではどうでしょう。

ごつごつして、太く力強く、自信《じしん》に満《み》ちあふれています。

たくましい子どもたちの手はそのまま、子どもたちの成長《せいちょう》を物語《ものがた》っているかのようです。

成長《せいちょう》のかげには、苦労《くろう》があり、流《なが》された汗《あせ》があり、涙《なみだ》がありました。でも、それだけではありません。そこにはつねに、おだやかで質素《しっそ》な日々のいとなみがあり、なかまたちといっしょに暮《く》らしながら働《はたら》く喜《よろこ》びがあり、幸《しあわ》せがあり、笑《え》顔《がお》があったのです。

きのうも、きょうも、きょうからも――。

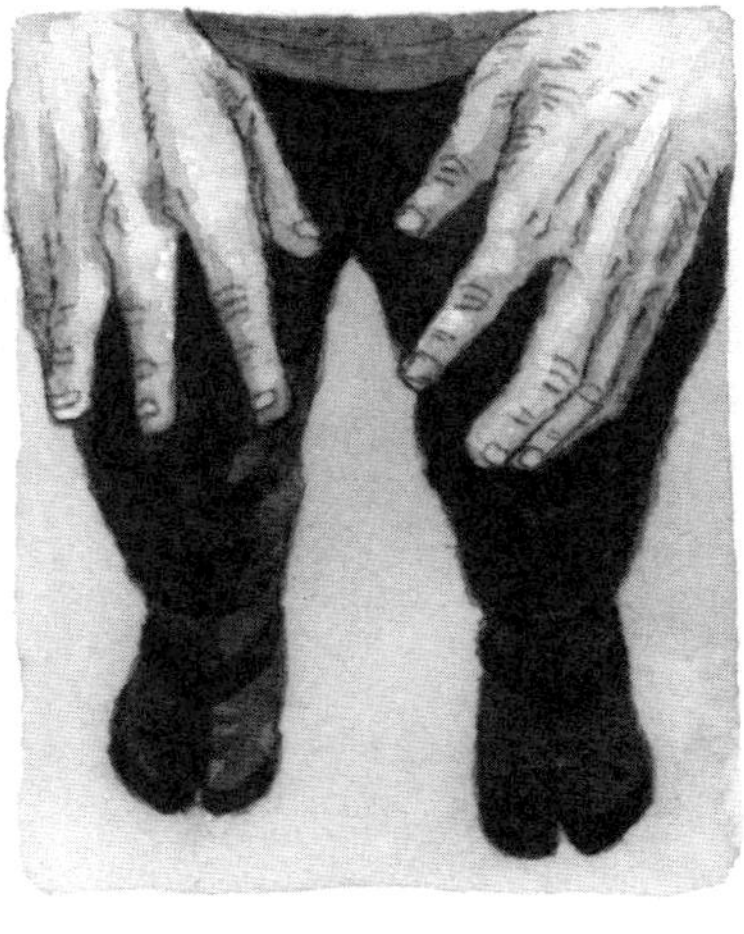

春風が声を運《はこ》んでくる

四月の終《お》わりになりました。

何日かあたたかい日がつづいていたのですが、数日前に急《きゅう》に気温《きおん》が下がって、冷《つめ》たい雨がふりました。

さあ、しいたけの出番です。

しいたけは、冷《つめ》たい雨にびっくりすると——たぶん、びっくりしているのだと思います——いっせいに、むくむくと、にょきにょきと、すがたを現《あらわ》すので

す。

さあ、子どもたちの出番です。

きょうは朝から、子どもたちは林のなかで、しいたけの収穫作業《しゅうかくさぎょう》をしています。

何しろ、しいたけは、およそ十六万本もの原木《げんぼく》——しいたけの菌《きん》を植《う》えこんでいる丸太です——にいっせいに出てくるのですから、それらをひとつひとつ手でつみとって、かごに入れていくのは、たいへんな作業《さぎょう》です。労力《ろうりょく》も気力も体力も必要《ひつよう》です。

しかも、翌日《よくじつ》までにつみとらないと、しいたけの傘《かさ》が開いてしまって、ねだんが安《やす》くなってしまうのです。

冬のあいだ、あたたかい日には傘《かさ》を広げ、寒《さむ》い日には縮《ちぢ》め、開いたり縮《ちぢ》んだりをくりかえしながら、白い亀裂《きれつ》をつくりつつ、りっぱに生長《せいちょう》してきたしいたけ。かぐわしいかおりのする、身《み》の引きしまったおいしいしいたけを、ひとつたりともむだにしてはなりません。

子どもたちは、午後になっても、夕方が近づいてきても、作業《さぎょう》をやめません。いっしょうけんめい、しいたけをつみとっています。

もしかしたら今夜は、徹夜《てつや》になるかもしれません。

わたしも夜どおし、子どもたちを見守《まも》ることにしましょう。

「どうした！」

夕闇《やみ》をつきやぶるような声が聞こえてきて、わたしは、はっと目を覚《さ》ましました。

雨上がりの土の匂《にお》いに包《つつ》まれて、つい、うとうとしていたようです。

あたたかい春風がわたしのもとへ運《はこ》んできてくれたのは、遠い日に聞いた、川田先生の声でした。

徹夜《てつや》でしいたけの収穫作業《しゅうかくさぎょう》をしていた子どもたちのひとりが、急斜面《きゅうしゃめん》の坂道で足をすべらせて転《ころ》んでしまい、かごいっぱいにつみとってあったしいたけを、ばらばらとこぼしてしまったのです。

「だいじょうぶか！」

川田先生が声をかけると、

「だいじょうぶだ。痛《いた》かねえ」

と、答えがかえってきました。

すると、川田先生はいきなり、その子をどなりつけました。

「おまえじゃねえ、しいたけはだいじょうぶかと聞いたんだ」

汗《あせ》びっしょりになりながら原木《げんぼく》を切って、冷《つめ》たい風が吹《ふ》きぬけるなか、重たい原木《げんぼく》をせっせと運《はこ》んで、やっとのことでできたしいたけです。

「おまえが転《ころ》んだって、しいたけのかごは離《はな》すんじゃない！」

川田先生は内心では、その子のことを心配《しんぱい》していました。もちろん、しいたけよりも何倍《ばい》も、その子のことをたいせつに思っていました。

でも、あえて、甘《あま》いことばはかけません。子どもたちに、強くなってほしかったからです。ちょっとやそっとのことではくじけない、強い心を持《も》った子どもたちに。

きびしいけれどほんとうはとてもやさしい、川田先生にきたえられて、子どもたちは強くたくましく、成長《せいちょう》していったのです。

「どうした！」

春風がふたたび、なつかしい川田先生の声を運《はこ》んできました。

暗《くら》やみのなかから、

「ああ、転《ころ》んだけど、しいたけはだいじょうぶだ！」

と、力強い声がかえってきました。

「そうか、うん、それでよし」

川田先生は満足《まんぞく》そうです。

第2章 夏のかおり

草刈りは「にぃに」におまかせ？

初夏《しょか》の風にのって

みなさんは、ぶどうの花を見たことがありますか？

わたしたち、ぶどうの木は、五月になると、枝《えだ》という枝《えだ》につぼみをつけます。

色は緑《みどり》か、黄緑《きみどり》。

大きさはお米のつぶくらいしかない、とても小さなつぼみです。

ある日、ピーマンみたいな形をしたつぼみを、包《つつ》んでいる皮《かわ》がすーっとはがれて、なかから、めしべがすがたを現《あらわ》します。

めしべのまわりに、線香《せんこう》花火のように広がっているのがおしべです。
花はまったく目立ちません。
なぜなら、ぶどうの花は、花びらを持《も》っていないからです。
でも、こころみ学園の子どもたちには、いつ花が咲《さ》いたのか、すぐにわかります。
ぶどう畑《ばたけ》の近くまで来れば、あなたにもきっとわかります。
ちょっと立ち止まって、息《いき》を吸《す》いこんでみてください。
初夏《しょか》の風にのって、運《はこ》ばれてくるかおり。
ほんのり甘《あま》くてやさしくて、すがすがしいかおり。
そう、それはぶどうのかおりです。

ぶどうを食べたとき、口のなかにぱっと広がるあのかおりは、ぶどうの花のかおりでもあるのです。

ぶどうたちは、風に吹《ふ》かれて、受粉《じゅふん》します。

小さなめしべと小さなおしべがくっついて、ひとつぶの実《み》をつくるのです。

かわいらしい、小さな実《み》がたくさん集《あつ》まって、ひとふさのぶどうをつくります。

まるで、子どもたちひとりひとりの手と手が集《あつ》まって、豊《ゆた》かなぶどう畑《ばたけ》をつくっているかのように。

ぶどうの赤ちゃんを守《まも》る

六月のなかばになりました。

もうじき、梅雨《つゆ》の季節《きせつ》が始《はじ》まります。

お米のつぶくらいだった実《み》は、小豆《あずき》くらいまで大きくなっています。

緑《みどり》の手のひらみたいな葉《は》っぱと葉《は》っぱのあいだから、ちょこんと垂《た》れさがっている小さなぶどうのふさは、まるでぶどうの赤ちゃんのようです。

今朝、こころみ学園の子どもたちは、みんなで畑《はたけ》へ出かけて、赤ちゃんぶどうのふさに、笠《かさ》や袋《ふくろ》をかける作業《さぎょう》をしています。

傷《いた》んでいる実《み》を指でつまんで、ていねいに取《と》りのぞいたあと、ぶどうのふさに笠《かさ》をかけていきます。

笠《かさ》の数は、ぜんぶで二十万枚《まい》ほど。

子どもたちはだいたい、一日にひとり、千五百枚《まい》もの笠《かさ》をかけます。とうぜんのことながら、笠《かさ》かけは一日では終《お》わりません。

毎日、毎日、笠《かさ》をかけていきます。

どんなに暑《あつ》い日でも、どんなに陽射《ひざ》しの強い日でも、みんなで力をあわせて、声をかけあって、がんばります。力をあわせてやれば、どんなにたいへんな作業《さぎょう》でも、やりとげることができる。そのことを、子どもたちはよく知っているのです。

笠《かさ》かけは、ぶどうの赤ちゃんを病気《びょうき》から守《まも》るための、たいせつな作業《さぎょう》です。梅雨《つゆ》の季節《きせつ》には、長雨がふります。雨のせいで病原菌《びょうげんきん》が飛《と》びちって、ぶどうが病気《びょうき》にかかりやすくなるのです。


山の斜面《しゃめん》全体が緑《みどり》一色に染《そ》まった畑《はたけ》に立ち、両手《りょうて》をのばして、一心に笠《かさ》をかけている子どもたちのすがたをながめながら、わたしは思い出しています。

あれは、この山にぶどう畑《ばたけ》ができて、二年めの六月のこと。

ぶどうの枝《えだ》には小さなふさがいくつも垂《た》れさがって、そろそろ笠《かさ》かけの作業《さぎょう》をする時季《じき》になっていました。

そんなある日、ようじがあって、子どもたちといっしょに町へ出かけていた川田先生は、

「なんだ、これは！」

と、大きな声でさけびました。

とつぜん、空がひび割《わ》れたかのように「ガラガラッ」と、大きな音がしたからです。

「雷《かみなり》だぁ」

と、子どもたちもさけびました。

雷《かみなり》ではなくて、それは、雹《ひょう》でした。

ピンポン玉みたいに大きな氷《こおり》のかたまりが、これでもかこれでもかと、空か

らふってきました。十分か、二十分か、それくらいの時間。

おどろいたことに、こころみ学園にもどるとちゅうにある、中学校の校舎《こうしゃ》のガラス窓《まど》が、めちゃくちゃに割《わ》れているではありませんか。

「ぶどうはだいじょうぶかなぁ」

「畑《はたけ》はどうなっているのだろう」

不安《ふあん》な気持《きも》ちをかかえて、走ってもどってきた子どもたちが目にしたのは、変《か》わり果《は》てた畑《はたけ》でした。緑《みどり》の葉《は》も、緑《みどり》のふさも、何もかもが雹《ひょう》に打《う》たれて、地面に落《お》ちていたのです。

その年、ぶどうはまったく収穫《しゅうかく》できませんでした。

川田先生と子どもたちのがっかりした表情《ひょうじょう》を、今でもよく覚《おぼ》えています。

けれども、これは天災《てんさい》です。自然《しぜん》の力にあらがうことはできません。雹《ひょう》にふられてから何年かのちには、まるで台風のように激《はげ》しい西風におそわれたこともありました。

ちょうど、笠《かさ》かけが終《お》わったばかりでした。

山の西側から、もうれつな風が押《お》しよせるように吹《ふ》いてきたのです。ぶどう畑《ばたけ》を根《ね》こそぎ、さらっていくほどの勢《いきお》いでした。

暴風《ぼうふう》が去《さ》ったあとに残《のこ》されていたのは、まるぼうずになった畑《はたけ》。

川田先生はことばもなく、その場《ば》に立ちすくんでいました。

「よし、今年はいい実《み》がとれそうだ」と、期待《きたい》に胸《むね》をふくらませていたみんなの希望《きぼう》が、根《ね》こそぎさらわれていったかのようでした。

ところが――

あの日わたしが目にした光景《こうけい》を思い出すとき、わたしのほおには、笑《え》みが浮《う》かんできます。

「先生、この笠《かさ》、まだ使《つか》えるよね」

「拾《ひろ》っておこう」

「うん、ぜんぶ、拾《ひろ》っておこう」

「拾《ひろ》おう、拾《ひろ》おう」

声をかけあいながら、子どもたちはしゃがんで、そのへんに散《ち》らばっている笠《かさ》を拾《ひろ》いはじめたのです。

川田先生は、はっとしました。

苦労《くろう》して、ひとふさ、ひとふさにかけた、一枚《まい》、一枚《まい》の笠《かさ》です。

西風にやられたからといって、ただがっかりしているだけではなくて、「笠《かさ》は来年も使《つか》える」と思うことのできる子どもたち。その前向《む》きなしせい。

ぶどう畑《ばたけ》やしいたけの林で、大自然《しぜん》に向《む》きあって、体を動《うご》かし、汗《あせ》を流《なが》しながら働《はたら》いているうちに、子どもたちはたくましく、しなやかに、成長《せいちょう》していたのです。

雨にも、雹《ひょう》にも、風にも、負《ま》けない子どもたち。

そのすがたをまのあたりにして、川田先生はどんなにうれしかったことでしょう。

草刈《か》りは「にぃに」におまかせ？

七月になりました。

きのうまでふっていた雨があがって、空には夏の太陽《たいよう》がきらめいています。笠《かさ》かけの作業《さぎょう》が終《お》わって、ほっとひといき、つくひまもなく、子どもたちはきょうも、朝からぶどう畑《ばたけ》へ出かけていきます。地下足袋《じかたび》をはいて、頭にはぼうしをかぶって、草刈《か》り用の鎌《かま》を手にして。

鎌《かま》をうまく使《つか》えない子は、畑《はたけ》の石拾《ひろ》いをします。石に刃《は》があたると、鎌《かま》が切れなくなるからです。

夏のあいだじゅう、子どもたちは草刈《か》り作業《さぎょう》に大忙《いそが》しです。

ぶどうの木の下やまわりに草がたくさん生えると、草から水蒸気《すいじょうき》が出て、ぶどうの実《み》を腐《くさ》らせる原因《げんいん》になります。また、草がぼうぼうとしげれば、集《あつ》まってくる虫も増《ふ》えます。虫が病原菌《びょうげんきん》を運《はこ》んでくることもあります。

夏の草は元気いっぱいです。刈《か》っても刈《か》っても、雨がふるとまたにょっきり、のびてくるのです。

ですから、夏はとにかく、きのうも草刈《か》り、きょうも草刈《か》り、あしたも草刈《か》りの日がつづきます。

こころみ学園では、草を取《と》りのぞくための「除草剤《じょそうざい》」は使《つか》いません。除草剤《じょそうざい》で殺《ころ》されてしまった土は、二度《ど》と生きかえらないからです。薬品《やくひん》ではなく、子どもたちが手と足を使《つか》って、草を取《と》りのぞいていきます。

ここにもまた「土はたいせつなものだ」という、川田先生の信念《しんねん》が生きています。「田んぼの土が、砂利《じゃり》やコンクリートで埋《う》め立てられている光景《こうけい》を見ると、まるでたいせつなものが踏《ふ》みにじられているような気がする」と、川田先生は語《かた》っていたものです。

「そっちはどうだ？」

「こっちはまだだ」

「こっちもまだまだだ」

「にぃには？」

「にぃにもがんばってる」

にぃにというのは、こころみ学園の「草刈《か》りスタッフ」の名前です。

りっぱな角《つの》が自慢《じまん》のおすの白やぎです。

さいしょは、子どもたちといっしょに、ぶどう畑《ばたけ》の「草刈《か》り」をしていたのですが、にぃには、草よりもぶどうの葉《は》っぱを食べるのが好《す》きなので、ぶどう畑《ばたけ》で仕事《しごと》をすることはできなくなりました。

にぃにの担当領域《たんとうりょういき》は、ぶどう畑《ばたけ》のまわりにある草むらです。

むしゃむしゃ、もぐもぐ、むしゃむしゃ、もぐもぐ……

「草刈《か》り作業《さぎょう》」をつづけるにぃにのそばで、子どもたちも、サクサクサクサク、草を刈《か》っていきます。あたりには、青い草のかおりがただよっています。

一日の作業《さぎょう》が終《お》わったあと、だれかがこっそり、ぶどうの葉《は》っぱのついた枝《えだ》を、にぃににプレゼントしてあげることもあります。

心やさしい贈《おく》り主《ぬし》はいったい、だれなのでしょうか。

それは、にぃにだけが知っていることです。

ぶどう語でコミュニケーション

こころみ学園の子どもたちのなかには、障害《しょうがい》のせいで、ことばがしゃべれない子もいますし、人の言っていることが理解《りかい》できない子もいますし、ほかの人とうまくコミュニケーションのできない子もいます。

にもかかわらず、子どもたちはアメリカへ行って、そこで、ぶどう畑《ばたけ》をつくることに成功《せいこう》しました。

これから、そのお話をしましょう。

一九八九年（平成元年《へいせいがん》）のことでした。

その年は、春から秋にかけて、雨ばかりふっていました。夏になっても陽《ひ》があたらず、畑《はたけ》の地面は、長ぐつでふむと、ずぶりと足がしずむような状態《じょうたい》になってしまいました。

ぶどうの生長《せいちょう》には、日光が欠《か》かせません。どんな植物《しょくぶつ》でもそうですが、太陽《たいよう》のめぐみをたっぷり受《う》けてこそ、おいしい実《み》をならせることができるのです。

こころみ学園のぶどうの多くは、病気《びょうき》にかかってしまいました。子どもたちのつくったぶどうを使《つか》って、ココ・ファーム・ワイナリーでワインの生産《せいさん》を始《はじ》めて五年め。

すでに五万本のワインの注文《ちゅうもん》が入っていました。

このままでは、注文《ちゅうもん》してくれた人たちに、ワインを届《とど》けることができない。

どうしたらいいだろう。

悩《なや》んでいる川田先生の頭に、あるアイディアが浮《う》かんできました。

そうだ、質《しつ》のいいぶどうをアメリカから輸入《ゆにゅう》すればいいのだ。

さっそく心あたりの農園《のうえん》に連絡《れんらく》をとって「ぶどうを売ってくれないか」と、たのんでみました。

ところがその年、アメリカは日本とは反対《はんたい》で、干《かん》ばつ——雨が少なくて、土地が干上《ひあ》がってしまう——におそわれており、「日本へ売るぶどうなどない」と、ことわられてしまいました。

それでもあきらめないで、百軒《けん》あまりの農園《のうえん》に連絡《れんらく》してみたところ、サンフランシスコから北東に向《む》かって、車で二時間ほど走ったところにある、ローダイという町のぶどう畑《ばたけ》から「うちから出してやろう」という返事《へんじ》をもらったのです。

アメリカから横浜港《よこはまこう》に届《とど》いたぶどうを見て、川田先生とスタッフたちは、おどろきました。

ぶどうはまるで、きのうとれたかのように生き生きしています。しかも、約束《やくそく》していたねだんよりも安《やす》いではありませんか。

電話をかけて問《と》い合わせると、

「おたくも困《こま》っているだろうと思って、安《やす》くしておいた」

とのこと。

親切《しんせつ》な農園《のうえん》の経営者《けいえいしゃ》のおかげで、その年、ココ・ファーム・ワイナリーは、五万本のワインをぶじ、注文主《ちゅうもんぬし》に届《とど》けることができました。

川田先生はお礼《れい》として、そのぶどう農園《のうえん》の経営者《けいえいしゃ》を、日本へ招待《しょうたい》することにしました。

やってきたのは、フレッド・クラインと、マット・クラインの兄弟。

ふたりのアメリカ人は、こころみ学園の子どもたちに会い、その仕事《しごと》ぶりを目《ま》のあたりにして感心《かんしん》しました。

「アメリカにも、知的障害《ちてきしょうがい》の子どもたちは大ぜいいるけど、みんなぶくぶくに太って、腹《はら》をつきだして歩いている。ここの子どもたちは、一本十キロもある

郵便はがき

料金受取人払郵便

新宿局承認

5338

差出有効期限
平成31年9月
30日まで

切手をはらずにお出し下さい

1 6 0 - 8 7 9 1

343

東京都新宿区
新宿一－二五－一三
（受取人）

原書房

読者係 行

1 6 0 8 7 9 1 3 4 3　　7

図書注文書（当社刊行物のご注文にご利用下さい）

書　　名	本体価格	申込数
		部
		部
		部

お名前　　注文日　　年　　月　　日

ご連絡先電話番号（必ずご記入ください）
□自　宅　（　　）
□勤務先　（　　）

ご指定書店（地区　　）（お買つけの書店名をご記入下さい）

書店名　　書店（　　店）

帳合

5494

ぶどう畑で見る夢は

小手鞠るい 著

愛読者カード

＊より良い出版の参考のために、以下のアンケートにご協力をお願いします。＊但し、今後あなたの個人情報（住所・氏名・電話・メールなど）を使って、原書房のご案内などを送って欲しくないという方は、右の□に×印を付けてください。 □

お名前《フリガナ》　　男・女（　　歳）

ご住所　〒　　－

市　町
郡　村

TEL　（　　）
e-mail　　@

ご職業　1 会社員　2 自営業　3 公務員　4 教育関係
5 学生　6 主婦　7 その他（　　）

お買い求めのポイント

1 テーマに興味があった　2 内容がおもしろそうだった
3 タイトル　4 表紙デザイン　5 著者　6 帯の文句
7 広告を見て（新聞名・雑誌名　　）
8 書評を読んで（新聞名・雑誌名　　）
9 その他（　　）

お好きな本のジャンル

1 ミステリー・エンターテインメント
2 その他の小説・エッセイ　3 ノンフィクション
4 人文・歴史　その他（5 天声人語　6 軍事　7　　）

ご購読新聞雑誌

本書への感想、また読んでみたい作家、テーマなどございましたらお聞かせください。

しいたけの原木《げんぼく》を持《も》って、トットットッと軽快《けいかい》に歩いている。すごいなぁ。どうしてこんなことができるんだ？」

川田先生は答えました。

「それはうちが貧乏《びんぼう》だからです。みんなが汗水《あせみず》たらして働《はたら》かないと、何も生産《せいさん》できないし、生きていけませんから」

すると、兄弟はこう言ったのです。

「それは幸《しあわ》せなことだ。物質的《ぶっしつてき》に恵《めぐ》まれて、太っているやつらよりも、ここのみんなの方《ほう》がよっぽど幸《しあわ》せだ」

アメリカにも、じぶんと同じような考え方《かた》をする人がいるのだと思い、川田先生はとてもうれしくなりました。

「そのとおりです。私《わたし》もそう思って、ぶどうやしいたけの栽培《さいばい》を子どもたちといっしょにやっているのです」

「あなたがたのやり方《かた》を、ぼくらに教えてもらえないだろうか」

「いや、教えることなんか、何もありません」

そう答えたあと、川田先生はぽろっと、本音をもらしてしまいました。

「ここは雨ばかりふります。百日くらい雨のふらないところで、思いきりぶどうをつくってみたいものです」

「それは本気か？」

「もちろん本気です」

クライン兄弟がアメリカにもどって二週間後、「いい土地を見つけたぞ」と、連絡《れんらく》が届《とど》きました。

「ぜひ来てくれ。ここで、きみたちの手で、ぶどうをつくって見せてくれ」

こうして、川田先生と子どもたち、あわせて十六人は、ソノマという町のぶどう畑《ばたけ》で作業《さぎょう》をすることになったのです。

アメリカがどんなに遠いのかもわからず、ひらがなも読めず、じぶんの名前さえ言えない子どもたちでしたが、ひとたびぶどう畑《ばたけ》に入ると、アメリカ人やメキシコ人労働者《ろうどうしゃ》たちともすぐになかよくなって、めざましい働《はたら》きぶりを見せてくれました。

土地をたがやし、杭《くい》を打《う》ち、ぶどうを植《う》えこみ、畑《はたけ》の手入れをし、ぶどうのつみとりをする――そのような農作業《のうさぎょう》を通して、子どもたちは、外国の人たちとも心を通いあわせることができたのです。

「ことばだけが、人間の表現手段《ひょうげんしゅだん》ではない。自然《しぜん》のなかで、人と人が助《たす》けあいながら作業《さぎょう》をすることもまた、ひとつの表現《ひょうげん》なのだ」

川田先生はそう思いました。ともに働《はたら》き、ともに生活していくという、こころみ学園の「こころみ」は、決《けっ》してまちがってはいなかったのだ、と。

そうなのです。

こころみ学園の子どもたちの「ことば」は、ぶどうであり、しいたけなのです。働《はたら》くことは「表現《ひょうげん》すること」であり、できあがったぶどうやしいたけは、子どもたちの「作品」なのです。

悪《わる》い子というラベルをはられて

たくましく成長《せいちょう》していく子どもたちのすがたをながめながら、川田先生はしみじみと、思い出していました。

たんにんの先生に叱《しか》られてばかりだった、少年時代《じだい》のことを。

一九二〇年（大正《たいしょう》九年）、栃木県佐野《とちぎけんさの》市で生まれた川田先生は、小学生だったころ、クラスでいちばん背《せ》が高く、あばれんぼうの男の子でした。

家が貧乏《びんぼう》だったので、ほかの子がはいているようなゴムぐつを買ってもらうことができず、ひとりだけ、下駄《げた》をはいていました。

下駄《げた》をはくと、高い背《せ》がいっそう高くなります。

「頭が出ているぞ」と怒《おこ》られて首を下げると、こんどは「首を下げるな」と叱《しか》られ、ふてくされていると、また怒《おこ》られます。

いい子になろうと努力《どりょく》しても、むりでした。

たんにんの先生から「悪《わる》い子」のラベルをはられてしまっていたのです。つまり、一方的《いっぽうてき》に「悪《わる》い子」と決《き》めつけられていたわけです。

決《き》めつけていた先生が学校を去《さ》り、新しいたんにんの先生が来ることになったとき、川田少年は胸《むね》をわくわくさせました。

さあ、こんどこそ、いい子になれるぞ。

けれども、その期待《きたい》はたちまち、しぼんでしまいました。

新しいたんにんの先生に、前の先生はこんなことを言ったのです。

「このクラスには、ほんとうにいいおぼっちゃんといいおじょうちゃんばかりがいます。川田昇《のぼる》くんさえいなかったら、このクラスはとてもいいクラスなんだけど。川田くんはこのクラスの癌《がん》です。川田くんには、気をつけなさいよ」

みんなの前でそう言われて、川田少年の目の前はまっくらになりました。

ああ、これでまた、いい子にはなれない。

大きくなって、特殊学級《とくしゅがっきゅう》――なんらかの障害《しょうがい》のある生徒《せいと》たちの通うクラス。当時《とうじ》の呼《よ》び名です――のたんにんになったとき、川田先生は、いかなる子どもに対《たい》しても、いかなるラベルもはるまい、と、心に決めていました。

ラベルをはられた子のつらさ、くやしさ、情《なさ》けなさを、痛《いた》いほど知っていたからです。

クラスからはみだしている子、問題《もんだい》をかかえている子、障害《しょうがい》のある子、どんな子にも、いいところはかならずある。子どもたちのいいところを引きだして、のばしていくことこそ、教師《きょうし》の使命《しめい》であり、やるべき仕事《しごと》だ。

この信念《しんねん》は今も、こころみ学園の日々の生活のなかに、ぶどう畑《ばたけ》のなかに、しっかりと根《ね》づいて、毎年、芽《め》を出し、葉《は》を広げ、花をつけ、実《み》をならせています。

ぶどう畑《ばたけ》のドラム

八月になりました。

緑色《みどり》だったぶどうの実《み》が少しずつ、紫《むらさき》色に、濃紺《のうこん》に、色づきはじめています。

あんなにも小さな、米つぶくらいの大きさしかなかった花が、こんなにもふっくらとした、こんなにもつやつやとした実《み》になるなんて。

子どもたちは、うれしくてたまりません。

一日、一日、と、収穫《しゅうかく》の秋が近づいてきます。

「一日千秋《いちじつせんしゅう》」ということばのように、子どもたちは、一日が千《せん》の秋かとも思えるほど待《ま》ちどおしい気持《も》ちで、収穫《しゅうかく》の日を待《ま》ちわびているのです。

日々の作業《さぎょう》にもいっそう、心がこもります。

今年のぶどうは、どんな味《あじ》がするのでしょう。

ワインになったら、どんな味《あじ》になるのでしょう。

ぶどう畑《ばたけ》のなかで、どのあたりに生えているぶどうの実《み》が、いちばん甘《あま》くてすっぱくておいしいのか、見分ける方法《ほうほう》があります。

ぶどうの木の下を見ればいいのです。

ほかのところよりも、草がきれいに刈《か》りとられている場所《ばしょ》。

そこに生えている木になっているぶどうが、きっといちばんおいしいはず。なぜなら、子どもたちは草刈《か》りをしながら、ぶどうをつまんで、味見《あじ》をしているからです。おいしいぶどうがなっていると、つい余分《よぶん》につまんでしまうので、その木の下の草は、ほかよりもしっかりと刈《か》られることになるのです。

カンカンカン、カンカンカン……コンコンコン、コンコンコン……

八月の風にのって、リズミカルな音が聞こえてきます。

軽快《けいかい》なリズムになったかと思うと、スローなテンポに変《か》わったりします。ときどき、歌声もまじります。

音は山の上の方《ほう》から聞こえてきます。

空に向《む》かってリズムが飛《と》んでいきます。

山の斜面《しゃめん》をはうようにして、リズムがおりてきます。

音を出しているのはいったい、だれなのでしょう。

なんと、この仕事《しごと》――「からす追《お》い」と呼《よ》ばれています――を十八年もつづけている子どもです。

空き缶《かん》のドラムに、小枝《こえだ》のスティック。

朝から晩《ばん》まで、彼はドラムを鳴《な》らしつづけます。

色づきはじめたぶどうの実《み》を、からすから守《まも》るためです。

「がんばってるかー」

だれかが声をかけると、

「うん、がんばってるよー」

声がかえってきます。

そしてまた、風が音を運《はこ》んできます。

ぶどうのかおりにまじって、刈《か》られたばかりの草のかおり、土のかおり、遅《おそ》咲《ざ》きの野ばらのかおりもただよってきます。

第3章
秋の笑顔

待ちに待った収穫祭

すべって転《ころ》んですりむいて

九月のなかばになりました。

昼間はまだまだ暑《あつ》くて、ぶどう畑《ばたけ》で草刈《か》りをする子どもたちの額《ひたい》やほっぺたには、汗《あせ》の玉がいっぱいくっついていますが、夕方になると、そこここで虫たちが鳴《な》きはじめ、ぶどう畑《ばたけ》に吹《ふ》く風は、すずしい秋のメロディをかなでているかのようです。

こころみ学園の入り口の近くに広がっている、切り通しの山の斜面《しゃめん》では、すすき、コスモス、おみなえし、はぎ、ききょうなど、秋の草花が風にゆれています。

空には、ひつじ雲《ぐも》が浮《う》かんでいます。

入道雲《にゅうどうぐも》のすがたは、どこにもありません。

わたしたち、ぶどうの葉《は》っぱにも、夏のいきおいはもうありません。はしっこのほうが枯《か》れて茶色くなったり、ちぢれたり、まんなかが黄色くなったりしています。

そのかわりに、ほら、見てください。

葉《は》っぱと葉《は》っぱのあいだから、笠《かさ》に守《まも》られて垂《た》れさがっている、ぶどうのふさを。そのふっくらとした形と、深《ふか》い色あいと、たっぷりとした重量感《じゅうりょうかん》を。

ぶどうたちは、ひとつぶ、ひとつぶに、秋の陽《ひ》ざしを集《あつ》めてかがやいています。ひとつぶ、ひとつぶが、宝石《ほうせき》のようです。まるで「ねえ、見て見て、こんな実《み》になったよ」って言ってるみたいでしょう？

九月のなかばを過《す》ぎると、子どもたちは毎日、そわそわしはじめます。

「もうそろそろかな」

「まだかな」

「きょうかな」

「あしたかな」

「まだかな、まだかな」

ぶどうが完全《かんぜん》に熟《じゅく》して、つみとれる日が来るのを、今か、今かと待《ま》っているのです。

「よし！　あしただ！」

「あしたはつみとりだ！」

先生たちからそんな指示《しじ》が出ると、さあ、たいへん。

あしたの朝は、早起《お》きしなきゃ。

つみとりの日、子どもたちはいつもより一時間も早く、午前五時には起床《きしょう》し、すいじやせんたくの当番をさっさとすませて、つみとり作業《さぎょう》に出かけます。

ぶどうの収穫《しゅうかく》はだいたい、一日に八トンの予定《よてい》です。

八トンって、いったいどれくらいの重さなのでしょうか。

十キロのぶどうが入るかごを、ひとり一個《こ》ずつ手にして、子どもたちは、山を登《のぼ》っていきます。つみとったぶどうの実《み》をかごにおさめると、山をおりてきます。

すべって転《ころ》んで、足やおしりをすりむいても、ぶどうの入ったかごだけは、ぜったいに手から離《はな》しません。

夕方までに約《やく》八百かご、つまり八トン分のぶどうをつみます。

ということは、子どもたちはそれぞれ百回ずつ、急《きゅう》な山を登《のぼ》ったり、おりたりするわけです。

みんな、くたくたになっています。

けれども、つみ終《お》えたあとにも、まだまだ仕事《しごと》があります。

ぶどうの笠《かさ》をていねいに外《はず》しながら、傷《いた》んでいるぶどうの実《み》を取《と》りのぞく作業《さぎょう》です。

いすに腰《こし》かけたり、裏返《うらがえ》したケースをいすがわりにして座《すわ》ったりして、パチン、パチン、パチン、と、切っていきます。

虫に食われたり、かびが生えたりしている実《み》を見つけたら、はさみで、パチン、パチン……

夜遅《おそ》くまで、みんなで作業《さぎょう》をします。眠《ねむ》くなってきても、目をこすりながら、はさみをにぎりしめて、とてもしんけんな顔つきで。

「すべって転《ころ》んで」と「パチンパチン」は、つぎの日も、そのつぎの日も、つづきます。

「先生、おやすみ、あしたもがんばん」

「がんばん」の意味《いみ》は「がんばる」です。子どもたちのなかには、「がんばる」の「る」が、うまく発音できない子もいます。

「先生、おはよう、きょうもがんばん」

寝《ね》る前と、朝起《お》きたときには「がんばん」と声をかけあって、いっしょうけんめいがんばります。

三日ほどかけて、ぶどうのつみとりと選別《せんべつ》を終《お》えた子どもたちは、やっと、心からの笑顔《えがお》になります。

「やったね」

「終《お》わったね」

「今年もおいしいワインができるといいね」

わたしは毎年、つみとりを終《お》えた子どもたちの笑顔《えがお》を見るのが、楽しみでなりません。

満足《まんぞく》そうなその笑顔《えがお》を見るたびに、遠い昔《むかし》に聞いた、川田先生のことばを思い出すのです。

――「やった」という充実感《じゅうじつかん》や、ほんとうの喜《よろこ》びは、たいへんな思いをして、できそうにないと思えたことをのりこえて、やりぬいたときだけに、感《かん》じられるものです。

失踪《しっそう》の名人

つみとりも終《お》わって、今は枯葉《かれは》だけになっているぶどう畑《ばたけ》を、月の光がやさしく照《て》らしています。

子どもたちも先生たちも、さくらちゃんもやぎのにぃにも寝静《ねしず》まって、起《お》きているのは虫たちだけです。

そんな秋の夜長《よなが》に、わたしは、子どもたちがおさなかったころのことを思い出します。

いろんな子がいました。

らんぼうな子、言うことをちっとも聞かない子、先生を困《こま》らせてばかりいる子、知的障害《ちてきしょうがい》のあるせいで、親《おや》から愛情《あいじょう》を受《う》けられなかった子。

なかには、もう亡《な》くなってしまった子もいます。

ひとりひとりの顔を思い出しながら、わたしはなつかしい気持《きも》ちにひたっています。

こころみ学園に入園したその日の晩《ばん》に、園から逃《に》げ出してしまった「失踪《しっそう》の名人」――。

入園したばかりだったので、その男の子の顔を知っているのは、川田先生と事務所《じむしょ》のスタッフだけ。

みんなでさがしまわって、警察《けいさつ》の人から「見つかりました」という連絡《れんらく》が届《とど》いたのは、なんと三日後のことでした。

そのあとも、男の子は、先生がちょっと目を離《はな》したすきに、学園から逃《に》げ出してしまいます。

たとえばある日のこと、

「川田園長、お話があります」

と、ひとりの先生が川田先生に声をかけました。

「だめじゃないか。あいつから目を離《はな》したら」

「だいじょうぶです。今、お風呂《ふろ》に入っているところですから」

「ああ、だめだ。もう風呂場《ふろば》にはいないよ」

「いや、だいじょうぶです」

「行ってみろ、もういないから」

その先生がお風呂場《ふろば》をのぞきに行くと、男の子はいなくなっていました。お風呂場《ふろば》の窓《まど》から、まるはだかのまま、逃《に》げ出したわけです。

そのとき学園に残《のこ》っていた職員《しょくいん》、十二、三人全員《ぜんいん》でさがしましたが、どこにもいません。

はだかのまま逃《に》げたのですから、すぐに見つかりそうなものなのに。

結局《けっきょく》、見つかったのは、一ヶ月もあとのこと。

失踪《しっそう》の名人は、ご近所の家の庭《にわ》に干《ほ》されていた洗濯物《せんたくもの》をぬすんで身《み》につけて、逃《に》げまわっていたのです。

その後も、逃《に》げ出しては見つかる、見つけられては逃《に》げ出す、をくりかえしていましたが、三十年くらいかけて、少しずつ、ゆっくりと変化《へんか》してきました。逃《に》げ出すたびに、夜も寝《ね》ないでさがしまわってくれる先生たちの気持《きも》ちが、わかってきたのでしょう。

こころみ学園の子どもたちの成長《せいちょう》は、ゆっくりです。

なんでもゆっくりなのですが、それが子どもたちの個性《こせい》でもあるのです。

なんでもそうですが、早いことだけが、いいことではありません。

ぱっと身《み》につけて、ぱっと忘《わす》れてしまうよりは、ゆっくりと身《み》につけた「いいこと」を、長く忘《わす》れないでいることの方《ほう》がりっぱです。

うそつき名人

うそつき名人も、それはそれは個性的《こせいてき》な子どもでした。

入園したときにはすでに四十代《だい》になっていたので、みんなからは「おじやん」と呼《よ》ばれていました。

おじやんはある日、失踪《しっそう》の名人と同じように、学園を抜《ぬ》け出して町をうろうろしているすがたを見つけられて、警察《けいさつ》に保護《ほご》されたのです。

あわてて迎《むか》えに行った川田先生は、警察《けいさつ》の人からこんなことを言われて、びっくりしてしまいました。

「おまえのところでは、食い物も食わせないで、働《はたら》かせているそうじゃないか。いまどき、ひどい施設《しせつ》があるもんだと驚《おどろ》いたぞ」

おじやんは警察署《けいさつしょ》で、親子《おやこ》どんぶり、カツ丼、ラーメンをとってもらって、ぺろりと食べたあと「学園では、何も食べさせてもらっていません」と、うそをついたのです。

「そんなことはありません。ちゃんと食べさせています」

警察《けいさつ》の人は、川田先生の話を信《しん》じてくれません。

「どっちがうそをついているか、目を見ればわかる。おまえの目と、この男の目と、どっちがきれいだと思っているんだ」

そう言われると、川田先生はもう何も言えなくなりました。

おじやんの目はどこまでも美《うつく》しく、澄《す》みきっているからです。

まじめな顔をして、とてもじょうずに、ほんとうらしいうそをつくので、みんなころりとだまされてしまいます。

このくせはずっと直《なお》りませんでしたが、こころみ学園の子どもたちは、

「おじやんがまたうそを言ってら」

と言って、笑《わら》ってゆるしてあげていました。

どんな人でも受《う》け入れ、ゆるすことができる。これもまた、こころみ学園の子どもたちの、かけがえのない個性《こせい》なのです。

ワイン博士《はかせ》とハンバーガー事件《じけん》

人を受《う》け入れ、人をゆるし、人を思いやることのできる子どもたち。

そんな子どもたちの起《お》こした、ある事件《じけん》のお話をしましょう。

その前にまず、ブルース・ガットラヴをご紹介《しょうかい》します。

カリフォルニアのデイヴィス大学で醸造学《じょうぞうがく》──お酒《さけ》、みそ、しょうゆなど、発酵《はっこう》食品のつくり方《かた》を学ぶ学問《がくもん》です──を勉強《べんきょう》し、西海岸《かいがん》にある有名《ゆうめい》なワイナリーで働《はたら》き、その後、ワイン・コンサルタントとして活躍《かつやく》していた、アメリカ人男性《だんせい》です。

コンサルタントの仕事《しごと》は、専門的《せんもんてき》な知識《ちしき》を活かして、アドバイスをしたり、指導《しどう》したりすること。ブルースは、ワインのことならなんでも知っている「ワイン博士《はかせ》」なのです。

第《だい》２章《しょう》でご紹介《しょうかい》したクライン兄弟がアメリカにもどったあと、入れかわりに、ブルースがこころみ学園にやってきました。こころみ学園とココ・ファーム・ワイナリーのスタッフたちが「ぜひ、日本へ来て、ワインづくりの指導《しどう》をしてください」とお願《ねが》いしたからです。

ブルースは、ワインのことならなんでも知っていますが、日本のことは何も知りませんでした。知っていたのは「サムライ、フジサン、テンプラ、スシ、コンニチハ、アリガトウ、サヨナラ」だけ。そして、ブルースはそれまでアメリカで、知的障害《ちてきしょうがい》のある子どもたちに出会った経験《けいけん》がありませんでした。

日本についた日の翌朝《よくあさ》、ブルースは、朝ごはんを食べるために食堂《しょくどう》へ行きました。

そこではじめて、彼《かれ》は子どもたちに会ったのです。

ブルースは驚《おどろ》きました。

なぜなら、子どもたちはみんな、にこにこ笑《わら》いながら、ブルースを「新入りの友だち」として、あたたかく受《う》け入れてくれたからです。ここまで来るあいだに出会った、見知らぬ日本人たちからは「外国人」「よそ者《もの》」というような目で見られてきたにもかかわらず。

ごはんを食べはじめると、さらに驚《おどろ》くようなことが起《お》こりました。

「きゃーっ」

子どもたちのひとりがとつぜん、大きな声でさけぶではありませんか。

どうしたんだ？　と、びっくりしているブルースに、川田先生は言いました。

「何も心配《しんぱい》しなくていいんです。あの子はいつも、あんなふうなのです」

ブルースは「なるほど」と思いました。

「なるほど、こころみ学園の子どもたちは、ぼくと同じなのだな」と。

一般的《いっぱんてき》な日本人の目から見れば、アメリカ人であるブルースは、顔つきも、体つきも、話すことばも、行動《こうどう》も、ちょっと変《か》わっているわけです。でも、こころみ学園の子どもたちにとっては、変《か》わっているようには見えません。子どもたちにとってブルースは「仲間《なかま》」なのです。ブルースは、子どもたちが大好《す》きになりました。もちろん子どもたちもブルースが大好《す》きに。

十一月のある日のことです。

子どもたちはバスに乗《の》って、町のデパートまで出かけました。三ヵ月に一度《ど》くらい、デパートへ買い物《もの》をしに行きます。なんらかの事情《じじょう》があって買い物《もの》に行けない子のためには、かならず、おみやげを買ってきてあげます。

その日、ブルースはデパートに行くことができませんでしたが、部屋《へや》へもどってくると、ドアの前に、ハンバーガーの包《つつ》みが置《お》かれていました。子どもたちは、ブルースはアメリカ人だから、ハンバーガーが好《す》きであるにちがいない、と考《かんが》えたのです。

それからも、ひんぱんに、ハンバーガーが置《お》かれるようになりました。多いときには五つも、六つも。

ところが、ブルースはハンバーガーがあまり好《す》きではなかったのです。

どうしよう、困《こま》ったな。

もう買ってこないでって言おうかな。だけど、そんなことを言ったら、せっかくの子どもたちの親切《しんせつ》をだいなしにしてしまう。

しかたがないので、もらったハンバーガーは冷蔵庫《れいぞうこ》のなかにしまっておきました。そのうち、冷蔵庫《れいぞうこ》のなかは、ハンバーガーでいっぱいになってしまいました。

十二月のある日、事件《じけん》は起《お》こりました。

部屋《へや》で仕事《しごと》をしていたブルースは、冷蔵庫《れいぞうこ》のなかのハンバーガーの袋《ふくろ》のひとつが、あいているのに気づいたのです。取《と》りだしてみると、なかみはからっぽ。べつの袋《ふくろ》をあけてみると、やっぱりからっぽ。どの袋《ふくろ》もからっぽです。

ということは——

そうなのです。ブルースの留守《るす》に、勝手に部屋《へや》に入ってきて、むしゃむしゃ、ハンバーガーを食べていた、食いしんぼうのどろぼうがいたのです。

犯人《はんにん》は、重度《じゅうど》の知的障害《ちてきしょうがい》のある食いしんぼうくん。

ブルースは、ハンバーガーを食べてくれた犯人《はんにん》を、にっこり笑《わら》ってゆるしてあげることにしました。

歌のじょうずなナイスガイ

ブルースにはほかにも、大親友《だいしんゆう》ができました。

みんなから「ダイちゃん」と呼《よ》ばれていた、ダウン症《しょう》のある男の子です。

歌を歌うのがじょうずなダイちゃんは、人にあだ名をつけるのも得意《とくい》でした。

彼《かれ》はブルースに「シンゲンガヤ・フランキー堺《さかい》・コック長先生」という長いあだ名をつけました。あだ名が長ければ長いほど、尊敬《そんけい》の気持《きも》ちがこもっているのです。

得意《とくい》な歌は「エイトマン」。

収穫祭《しゅうかくさい》のステージや、カラオケ大会で、ダイちゃんが歌いはじめると、みんなは大喜《よろこ》びです。

ダイちゃんはブルースといっしょに、ワインのびん詰《づ》めの仕事《しごと》をしていました。ブルースはダイちゃんを、とても頼《たよ》りにしていました。

ダイちゃんはやさしくて、明るい性格《せいかく》の持《も》ち主《ぬし》なので、まわりで働《はたら》いている子どもたちやスタッフたちの気持《きも》ちまで明るくなります。

歩きながら、頭の上でパッと片《かた》手をあげて、お日様《さま》にあいさつ。

道のまんなかでジャンプして「こ、これはわたしのわざです」。

そうかと思うと、鼻《はな》の上でげんこつをにぎって「オッ」。

まわりの人たちにとっては、意味《いみ》のわからない行動《こうどう》もありましたが、ダイちゃんにとってはどれも、意味《いみ》のあるたいせつな行動《こうどう》でした。ダイちゃんには、ダイちゃんの世界《せかい》があったのです。

そんなダイちゃんが仕事場《しごとば》にすがたを見せなかった、ある日のことです。

ブルースは心配《しんぱい》になって、部屋《へや》までようすを見に行きました。

ダイちゃんは、ふとんにくるまって横《よこ》になったまま、じっとしています。

「ダイちゃん、だいじょうぶですか？」

ブルースがたずねると、ダイちゃんは、

「だめです」

と答えました。

ますます心配《しんぱい》になって、ブルースはたずねました。

「どこかが痛《いた》いのですか？」

「いえ」

ブルースはダイちゃんの顔をのぞきこんで、心配《しんぱい》そうにたずねました。

「なんの病気《びょうき》なのですか？」

すると、こんな答えがかえってきたのです。

「け、けびょうです」

仮病《けびょう》というのは、うその病気《びょうき》のことです。

ブルースは思わず、声をあげて笑《わら》ってしまいました。ダイちゃんは頭がいい。

ほんとうに知的障害《ちてきしょうがい》があるのだろうかと思いながら。

ダイちゃんが亡《な》くなったあとも、ブルースは「ダイちゃんは親友《しんゆう》だ」と思いつづけていました。ブルースにとって、ダイちゃんはいつまでも「ナイスガイ」――すばらしい人――でありつづけています。

もともとは六ヶ月のつもりで働《はたら》きはじめたブルースでしたが、一九九一年(平成《へいせい》三年)にココ・ファーム・ワイナリーの正式《せいしき》なスタッフになり、子どもたちといっしょに、つぎつぎにすばらしいワインを生みだして、ココ・ファーム・ワイナリーのワインを日本全国《ぜんこく》に、そして、世界《せかい》に広めることに成功《せいこう》しました。

待《ま》ちに待《ま》った収穫祭《しゅうかくさい》

秋の終《お》わりのある土曜日。

きょうは、待《ま》ちに待《ま》った収穫祭《しゅうかくさい》が開かれる日です。

東武鉄道《とうぶてつどう》の足利市駅《あしかがしえき》と、ココ・ファーム・ワイナリーを行ったり来たりしながら、シャトルバスがお客《きゃく》さんを運《はこ》んできます。

会場《かいじょう》の入り口では、白いむく犬のさくらちゃんが、みんなをお出迎《でむか》えしています。

お客《きゃく》さんたちは、チケットと引きかえに、黄色いバッグを受《う》けとります。バッグのなかには、ピクニック用《よう》のナイフやフォーク、ガラスのワイングラスが入っています。

黄色いバッグを首《くび》からぶら下げて、さあ、収穫祭《しゅうかくさい》の会場《かいじょう》へ。

レストランのテラスでは、プロの音楽家たちがライヴ演奏《えんそう》をしています。

屋台《やたい》のお店からは、おいしそうな匂《にお》いがただよってきます。

山のふもとにも、山の斜面《しゃめん》にも、そこらじゅうに、レジャーシートが広げられています。

もちろん、わたしのすぐそばにも。

お客《きゃく》さんは、今年できあがったばかりのワインをのみながら、料理に舌《した》つづみを打《う》っています。

チーズのもりあわせ、キャベツの煮《に》こみ、セロリのピクルス、にんじんと松《まつ》の実《み》のマリネ。

炭火焼《すみびやき》や、バーベキューのお店も出ています。

「ああ、幸《しあわ》せ」

「なんていいかおりの、なんておいしいワインなんだろう」

「やっぱり、この畑《はたけ》でとれたぶどうからできたワインは最高《さいこう》だね」

「学園の子どもたちが心をこめて、たいせつに、たいせつにつくったんだものね」

あちこちから、そんな会話が聞こえてきます。

楽しそうな声、うれしそうな声を聞きながら、みんなの笑顔《えがお》を見ているだけで、わたしも幸《しあわ》せな気持《きも》ちになります。

お客《きゃく》さんよりも、スタッフたちよりも、うれしそうな顔をしているのは、ころみ学園の子どもたちです。

ワインボトルの着《き》ぐるみに身《み》を包《つつ》んでいる子ども。

ピエロの衣装をまとっている子ども。

ドレスすがたの女の子たちは「お元気ガールズ」。

遊《あそ》びに来てくれた家族《かぞく》といっしょに過《す》ごしている子。楽しそうに歩きまわっている子。笑顔《えがお》で写真撮影《しゃしんさつえい》に応《おう》じている子。

「ありがとう！」

Harvest Fes
COCO FARM & WI

COCO FARM &

歩きまわりながら、お客《きゃく》さんたちひとりひとりに、声をかけている子どももいます。

「ありがとう！」

「今年も収穫祭《しゅうかくさい》に来てくれて、ありがとう」

「ワインを味《あじ》わってくれて、ありがとう」

「歌ってくれて、踊《おど》ってくれて、ありがとう」

子どもたちの心は、感謝《かんしゃ》の気持《きも》ちでいっぱいになっているのです。

「ぶどうの木さんたち、ありがとう」

「お日様《さま》にもありがとう」

ぶどうの木たちはみんな幸《しあわ》せ。

葉《は》っぱを落《お》としてすっかりはだかになっているのですが、気持《きも》ちはぽかぽか、あたたかいのです。

「また来てね！」

「また来年も来てね！」

子どもたちは力いっぱい手をふって、帰《かえ》っていくお客《きゃく》さんを見送《おく》ります。

お客さんたちも、手をふりかえします。

何度も、何度も、ふりかえって。

「ありがとう！」

「ありがとう！」

子どもたちの育《そだ》てたぶどうが、人を喜《よろこ》ばせ、人を楽しませ、人と人を、心と心をつないでいます。

わたしの目には、天国からこころみ学園を見守《まも》っている、川田先生の笑顔《えがお》が見えます。

歌のじょうずなダイちゃん、失踪《しっそう》の名人さん、うそつき名人さん、あばれんぼうさん、食いしんぼうさんたちの笑顔《えがお》も見えます。

山も畑《はたけ》も笑《わら》っています。

お日様《さま》も空も風も笑《わら》っています。

こころみ学園の秋は、笑顔《えがお》の秋です。

第4章
冬のこもり歌

ぞうきんが板になった！

ぞうきんが板《いた》になった！

楽しかった収穫祭《しゅうかくさい》が終《お》わって、ぶどう畑《ばたけ》に初霜《はつしも》がおりました。吹《ふ》く風はぴりりと冷《つめ》たくなり、やがて十二月の木枯《こが》らしが、冬を連《つ》れてきました。

春から秋にかけて、汗《あせ》を流《なが》しながらいっしょうけんめい働《はたら》いてきた、こころみ学園の子どもたちは、冬のあいだ、あたたかい部屋《へや》のなかで、静《しず》かにのんびり過《す》ごすのでしょうか？

いいえ、そうではありません。

冬は、新しい年の仕事《しごと》を始《はじ》める、一年じゅうでもっともたいせつな、そして、もっとも忙《いそが》しい季節《きせつ》なのです。

ぶどう畑《ばたけ》ではまず、肥料《ひりょう》をまくための穴《あな》を掘《ほ》る作業《さぎょう》をします。つるはし——土を掘《ほ》りおこすための、鉄《てつ》でできた道具《どうぐ》——を地面に打《う》ちこんで、かたい土をやわらかくしたあと、スコップで、決《き》められた形と深《ふか》さの穴《あな》を掘《ほ》ります。

できあがった穴《あな》のなかに、決《き》まった量《りょう》の肥料《ひりょう》を入れていきます。この肥料《ひりょう》は、ぶどうの木が春になって新芽《しんめ》を出し、若葉《わかば》を広げ、生長《せいちょう》していくために必要《ひつよう》な栄養《えいよう》なのです。

穴掘《あなほ》りのほかにも、皮《かわ》はぎや剪定《せんてい》の作業《さぎょう》があります。

古《ふる》くなった木の皮《かわ》をはぐことによって、虫が卵《たまご》を産《う》みつけるのを防《ふせ》ぐことができます。

害虫《がいちゅう》からぶどうの木を守《まも》るために、欠《か》かせない仕事《しごと》です。

剪定《せんてい》というのは、のびすぎた枝《えだ》や多すぎる枝《えだ》を切り落《お》として、よい枝《えだ》だけを残《のこ》していく作業《さぎょう》です。

枝《えだ》が多すぎると、葉《は》っぱがつきすぎて、葉《は》に栄養《えいよう》が吸《す》いとられてしまい、おいしい実《み》がなりにくくなるからです。

剪定《せんてい》したあと、地面に落《お》ちている枝《えだ》を拾《ひろ》いあつめる作業《さぎょう》も、忘《わす》れてはいけません。

落《お》ちた枝《えだ》には、病原菌《びょうげんきん》や虫の卵《たまご》がついているからです。子どもたちはだいたい、一日にひとり十本くらいの木の、皮《かわ》はぎや剪定《せんてい》をします。

このようなぶどう畑《ばたけ》の作業《さぎょう》に加《くわ》えて、冬には、しいたけを栽培《さいばい》するための原木《げんぼく》の伐採《ばっさい》という、じゅうような作業《さぎょう》が待《ま》っています。

子どもたちは毎日、百メートルから二百メートルくらいの山に登《のぼ》って、そこで、しいたけを生やすための木――これが原木《げんぼく》です――をチェーンソーで切りたおし、枝《えだ》を払《はら》って、およそ九十センチくらいの長さにととのえます。

チェーンソーを使《つか》うときにも、木を倒《たお》すときにも、安全《あんぜん》かどうか、つねに確認《かくにん》しながら、注意深《ちゅういぶか》く作業《さぎょう》を進《すす》めます。

集中力《しゅうちゅうりょく》と持久力《じきゅうりょく》が要求《ようきゅう》される、むずかしい仕事《しごと》です。地下足袋《じかたび》――先が二本に分かれている、がんじょうなものです――をはいた足で、しっかりと地面をふみしめておこないます。切り出しと枝払《えだはら》いが終《お》わったあと、重たい原木《げんぼく》をかついで、山からおろしていきます。

用意《ようい》するべき原木《げんぼく》の数は、だいたい一万五千本ほど。子どもたちは一日におよそ三十回、多いときには四十回も、山を登《のぼ》ったり、おりたりします。

山の気温《きおん》は、地上よりも低《ひく》く、マイナス七度《ど》から八度《ど》くらいまで下がります。ようしゃなく吹《ふ》きつける寒風《かんぷう》にさらされて、ときには粉雪《こなゆき》が舞《ま》うなかで、子どもたちは、たがいに声をかけあい、励《はげ》ましあって、作業《さぎょう》に打《う》ちこみます。

寒《さむ》いからといって、作業《さぎょう》をなまけたり、休んだりする子どもはいません。

寒《さむ》いときこそ、体を動《うご》かして作業《さぎょう》をする。そうすれば、体はぽかぽか、あたたかくなってくる。

子どもたちには、そのことがよくわかっているのです。

一日の仕事《しごと》が終《お》わったら、あたたかいお風呂《ふろ》と、おいしいごはんが待《ま》っています。

こころみ学園の食事《しょくじ》は、何もかもが手づくり。

きょうはコロッケでしょうか、それともカレーでしょうか。

ごはんは、いくらでもおかわりできます。

原木《げんぼく》の切り出し作業《さぎょう》をしているとき、切り落《お》とした枝《えだ》は、お風呂《ふろ》をわかすためのまきにします。

山には、むだなものなど何ひとつ、ありません。

「先生、お風呂《ふろ》がぬるいよ。ぬるい、ぬるい」

かつて、そんな不平《ふへい》をもらした子どもに対《たい》して、川田先生はこう言いました。

「ぬるいのは、まきが少ないからだ。ぬるいのがいやだったら、山からたくさん、まきを引っぱってこい！」

子どもたちは今でもちゃんと、川田先生の教えを守《まも》っています。

午前六時。

きょうも、あたりがまだうす暗《ぐら》い時間に、子どもたちは起《お》きだしてきました。

ひとりの子どもがさけびました。

「あ、つめたい。ぞうきんが板《いた》になっちゃった！」

廊下《ろうか》の手すりに並《なら》べて干《ほ》しておいたぞうきんが、ゆうべの寒《さむ》さによって、ばりばりに凍《こお》ってしまっています。

それでも子どもたちはだれひとり、不平《ふへい》や不満《ふまん》は言いません。

まだほんのりあたたかいお風呂《ふろ》の残《のこ》り湯《ゆ》で、凍《こお》ったぞうきんをとかしてから、そうじに取《と》りかかるのです。

鳥につばさがあるように

こころみ学園を訪《たず》ねてきた人たちや、研修《けんしゅう》にやってきた若《わか》い先生たちに、川田先生はよく、こんな話をしていました。

「人が人間らしく生きるためには、あるていどの過酷《かこく》な労働《ろうどう》は、必要《ひつよう》なのではないかと思います。どんなことに対《たい》しても『まだできる』とがんばり、これでもかこれでもかと挑戦《ちょうせん》して、汗《あせ》を流《なが》してじぶんのものを築《きず》く。そういうことのたいせつさがわかったとき、ほんものの人間になれるような気がするのです」

「じぶんのもの」とは、なんでしょう。

じぶんの生活《せいかつ》、じぶんの人生、じぶんの夢《ゆめ》、目標《もくひょう》、生きがい、そんな意味《いみ》がこめられているのではないでしょうか。

そのあとに川田先生は、有名《ゆうめい》な詩人《しじん》、ゲーテの残《のこ》したことばを、みんなに紹介《しょうかい》しました。

「鳥につばさがあるように、人間には労働《ろうどう》がある」――。

「人間だって、生きものです。だいじにされて、らくな方向《ほうこう》にばかり流《なが》れていては、精悍《せいかん》な生きものに成長《せいちょう》できるわけがありません。鍛《きた》えられてはじめて、多少のことではへこたれない、精悍《せいかん》な生きものができあがるのです」

精悍《せいかん》ということばには「強く、するどく、たくましい」という意味《いみ》があります。つまり、精悍《せいかん》な人間とは、心も体も強い生きものである、ということです。

川田先生がこんなふうに考えるようになったのは、先生自身《じしん》が、おさないころから「まだまだできる」とがんばって、働《はたら》きつづけてきたからです。

川田先生の生まれた家は、まずしい農家《のうか》でした。

先生は、幼稚園《ようちえん》へ行くかわりに、おにいさんや弟たちといっしょに、家の仕《し》事《ごと》を手伝《つだ》っていました。

吐《は》く息《いき》が凍《こお》りつくような真冬《まふゆ》でも、背《せ》中にかごをせおい、三キロ以上の道を歩いて、馬に食べさせる草を刈《か》りに行きます。

かごに草をぎゅうぎゅう詰《つ》めこんで、もどってくる帰《かえ》り道。かごの紐《ひも》がきりきりと肩《かた》に食いこんで、痛《いた》くてたまらず、声を上げて泣《な》きながら、それでも歯《は》を食いしばって、馬小屋《うまごや》まで運《はこ》んでいきます。

おさない子どもにとっては、泣《な》くほどつらい仕事《しごと》でしたが、馬がおいしそうに草を食べているすがたを見ると、疲《つか》れもつらさも、どこかに吹《ふ》き飛《と》んでいきました。

弟といっしょに河原《かわら》へ草刈《か》りに行って、草を積《つ》みこんだリヤカーを押《お》しながら、家に帰《かえ》ってくるとちゅうで、雷《かみなり》におそわれたこともありました。

どしゃぶりの雨に打《う》たれながらも、川田先生と弟は、リヤカーを押《お》しつづけました。

前に、うしろに、雷《かみなり》が落《お》ちてきます。

「にいちゃん、だいじょうぶか？」

「ああ、だいじょうぶだあ」

声をかけあいながら、全身《ぜんしん》ずぶぬれになってもどってきた兄弟を見て、おとうさんとおかあさんは、びっくりしました。

てっきり、どこかで雨宿《あまやど》りをしているだろうと思っていたのです。

川田先生は、そのときの経験《けいけん》を人々に話して聞かせたあと、こう言いました。

「自然《しぜん》のなかで、危険《きけん》をのりこえ、じぶんを守《まも》るすべを学びとる喜《よろこ》びは、神様《かみさま》が人間に与《あた》えてくれた喜《よろこ》びです。神様《かみさま》が与《あた》えてくれた喜《よろこ》びで、じぶんをみがいていく。人がほんとうに人間として生きるというのは、そういうことではないでしょうか」

夢《ゆめ》の国にいるみたい

しんしんと冷《ひ》えこんできました。

今夜は雪がふってくるかもしれません。

子どもたちはきっと、熱《あつ》いお風呂《ふろ》につかって、原木運《げんぼくはこ》びで疲《つか》れた体をあたためたあと、ふかふかのふとんにくるまれて、楽しい夢《ゆめ》を見ていることでしょう。

冬の風のこもり歌を聞きながら、わたしも子どもたちといっしょに、楽しい夢《ゆめ》を見ることにしましょう。

いいえ、これは夢《ゆめ》ではありません。

これは、ほんとうにあった、夢《ゆめ》のようなできごと。

ゲーテのことばを借《か》りるなら、「鳥につばさがあるように、子どもたちの背《せ》中にもつばさが生えている」――そう思わせられるようなできごとについて、お話ししましょう。

あれは、今から二十年あまり前、一九九五年（平成《へいせい》七年）の夏のこと。

子どもたち、先生たち、そして、子どもたちの親《おや》たちも加《くわ》わって、みんなで旅行《りょこう》に出かけました。総勢《そうぜい》、二百九十人あまりの一泊《いっぱく》二日のバス旅行《りょこう》。年に一度《ど》の楽しいイベントです。

どこへ行くかについては、前の年の秋に話しあって、決《き》めます。それまでは、湯沢《ゆざわ》へ行った年もあれば、熱海《あたみ》へ行った年もありました。

「一九九五年はどこにしましょうか？」

話しあいのとちゅうで、ひとりの親《おや》が手をあげました。

「カリフォルニア州のソノマはどうですか？　ソノマにあるぶどう畑《ばたけ》を、ぜひ、この目で見てみたいんです」

その両親《りょうしん》の子どもは、ほかの子たちといっしょに、ソノマのぶどう畑《ばたけ》——第《だい》2章《しょう》でお話しした、クライン兄弟の見つけてくれた土地です——に何度《なんど》か、ぶどうのつみとり作業《さぎょう》に出かけたことがあり、もどってくると、家の人たちにソノマの話をしていたようです。

「アメリカへの海外旅行《りょこう》なんて、むりでしょう」

「そんなむちゃなこと、できませんよ」

と、反対《はんたい》する人もたくさんいましたが、

「不可能《ふかのう》ではないはずだ」

「知的障害《ちてきしょうがい》のある子どもたちが出かけて、ちゃんと仕事《しごと》をして帰《かえ》ってきているんだから、親子《おやこ》で旅行《りょこう》することだって、できるはず」

と、賛成《さんせい》する人もいました。

いろいろな意見《いけん》が出たあとで、みんなの意見《いけん》はひとつにまとまりました。

「よし、海外旅行《りょこう》にチャレンジしよう！」

こうして、一九九五年の夏、あわせて二百九十一人のアメリカ旅行《りょこう》が実現《じつげん》することになったのです。

旅《たび》のスケジュールは五日間。

サンフランシスコの空港《くうこう》の近くにあるホテルに三泊《ぱく》し、バスであちこちを回りました。

まっさきに訪問《ほうもん》したのは、何人かの子どもたちがそこで作業《さぎょう》をしたことのある、ソノマのぶどう畑《ばたけ》です。

干《ほ》し草の上にのっかったり、トラクターにのったり、バーベキューをしたり、カラオケをしたりして遊《あそ》び、旅《たび》の記念《きねん》として、ぶどうの木を二本、みんなで植《う》えました。アメリカの人たちも、子どもたちのために、歓迎会《かんげいかい》を開いてくれました。

シリコンバレーをこえて、モントレーの町まで行ったとき、どこまでも澄《す》みきったカリフォルニアの青空と、果《は》てしなくつづく大海原《おおうなばら》を目にして、だれもが歓声《かんせい》をあげました。

「まるで夢《ゆめ》の国にいるみたい！」

はい、チューインガム

川田先生にとっても、この旅行《りょこう》は、夢《ゆめ》のようなできごとでした。

なにしろ、子どもたちのなかには、知的障害《ちてきしょうがい》のために、じぶんの名前を書けない子もいるのです。

みなさんも、ごぞんじのことでしょう。

海外旅行《りょこう》をするためには、パスポートが必要《ひつよう》です。

パスポートには、じぶんの名前をサインし、写真《しゃしん》を貼《は》りつけなくてはなりません。

子どもたちは、うまくサインができません。

サインについては、子どもたちのかわりに、先生が十人分ずつ、かわりにすることにしました。パスポートを発行《はっこう》している係《かかり》の人にお願《ねが》いして、とくべつな許可《きょか》をもらったのです。

さあ、つぎは写真《しゃしん》です。

子どもたちは、カメラを向《む》けられると、にっこり笑《わら》ってしまいます。

「笑《わら》った写真《しゃしん》はだめです。撮《と》りなおしてきてください」

係《かかり》の人からそう言われて、カメラマンも先生も、困《こま》ってしまいました。

にっこり笑《わら》うのは、子どもたちの持《も》って生まれた性格《せいかく》です。子どもたちの笑《え》顔《がお》は、天使《てんし》のようにすてきなのです。

でも、日本のパスポートには、まじめな顔の写真《しゃしん》が必要《ひつよう》です。

「そうだ、いいアイディアがある」

カメラマンは写真《しゃしん》を撮《と》る前に、子どもたちにチューインガムをプレゼントしました。

「はい、チューインガム！」

ガムをかみはじめた子どもたちが、口をとじているすきをねらって、パシャッとシャッターを押《お》しました。

できあがったパスポートを持《も》って、日本を出国し、アメリカへ。

しかし、飛行機《ひこうき》がアメリカに到着《とうちゃく》して、アメリカへ入国する前にも、いくつかの難関《なんかん》が待《ま》ちかまえていました。

入国を許可《きょか》してもらうために提出《ていしゅつ》しなくてはならない書類《しょるい》にはその当時《とうじ》、

「持病《じびょう》がありますか？」

「知的障害《ちてきしょうがい》がありますか？」

「問題行動《もんだいこうどう》を起《お》こすことがありますか？」

という質問事項《しつもんじこう》があったのです。

こころみ学園の子どもたちは、すべて「あります」と答えなくてはなりません。「あります」と答えた人は、ひとりずつ、入国審査官《しんさかん》――入国を許可《きょか》するかどうか、判断《はんだん》し、決《き》める人――の面接《めんせつ》を受《う》けなくてはなりません。

英語《えいご》も話せない、百人もの子どもたちが、ひとりひとり、面接《めんせつ》を受《う》けていたら、いったいどれくらいの時間がかかるでしょう。

事前《じぜん》に相談《そうだん》を受《う》けた、アメリカの入国管理局《かんりきょく》の人たちは、しんちょうに検討《けんとう》した結果《けっか》、こころみ学園の子どもたちは全員《ぜんいん》、面接《めんせつ》なしで入国を許可《きょか》する、という結論《けつろん》を出しました。

そのおかげで、子どもたちは長い行列《ぎょうれつ》に並《なら》ぶこともなく、スムーズにアメリカに入国することができたのです。

子どもたちの親《おや》たちはこのときも、そして旅行中《りょこう》も、アメリカとアメリカ人の対応《たいおう》に、感激《かんげき》しました。

さまざまな人種《じんしゅ》、さまざまな民族《みんぞく》が集《あつ》まって暮《く》らしているアメリカでは、人と人がちがうのは当たり前、という考《かんが》え方《かた》を持《も》っている人が多く、知的障害《ちてきしょうがい》のある子どもたちに対《たい》しても、一方的《いっぽうてき》につめたい視線《しせん》を向《む》けたりすることは、まずありません。

つめたい視線《しせん》とは「あの子たちは、ふつうの子どもとはちがう」という拒絶《きょぜつ》や差別《さべつ》の目です。

ある母親《ははおや》は、川田先生にこんなことを言いました。

「先生、もう帰《かえ》りたくなくなっちゃいました。アメリカに来てからは一度《ど》も、ふりかえって、じろりと見られたことがないんです。日本では、町を歩いているだけで、じろじろ見られるんですもの。それが親《おや》にとってどれくらいつらいことか……」

ほかにも、感激《かんげき》したことがありました。

バリアフリーになっている道路《どうろ》や通路《つうろ》が多いので、身体障害者《しんたいしょうがいしゃ》はだれかに車椅子《くるまいす》を押《お》してもらう必要《ひつよう》がない、ということ。

段差《だんさ》があって困《こま》っていれば、まわりにいる人たちが進《すす》んで手助《だす》けするのが、当たり前の光景《こうけい》になっていること。

子どもたちの親《おや》たちにとっても、このアメリカ旅行《りょこう》は「まるで夢《ゆめ》のよう」な旅《たび》だったのでした。

日本国
旅券
JAPAN

愛《あい》を育《そだ》てる

こころみ学園の子どもたちのなかには、大人になってから、結婚《けっこん》したカップルがなん組かいます。

結婚《けっこん》したふたりは、ふたりで暮《く》らせる部屋《へや》にひっこしをして、なかよく生活をともにします。もちろん、ときには夫婦《ふうふ》げんかもします。でもすぐになかなおりをして、笑顔《えがお》になります。

今でもよく思い出すのは、あるなかよし夫婦《ふうふ》のこと。

思い出すたびに、幸《しあわ》せな気持《きも》ちになって、わたしもにっこり笑《わら》ってしまいます。

あるとき、なかよし夫婦《ふうふ》のおくさんのほうが、ちょっとだけ元気をなくしていました。

そのことを心配《しんぱい》しただんなさんは、川田先生に相談《そうだん》しに来ました。

相談《そうだん》というよりも、ほとんど、どなっているような感《かん》じです。

「先生、みてくんねえんかよ」

先生の目から見ると、どうも病気《びょうき》ではないようなのです。

「なんでもないと思うよ。ちょっとおとなしくしているだけだよ」

でも、だんなさんはどうしても納得《なっとく》できません。

おくさんのことが心配《しんぱい》で心配《しんぱい》でたまらないのです。

「じゃあ、病院《びょういん》へ行って、みてもらってこい」

だんなさんは、おくさんを連れ《つ》れて病院《びょういん》へ。

診察《しんさつ》したお医者《いしゃ》さんは、こう言いました。

「どこも悪《わる》くありませんよ」

もどってきただんなさんは、にこにこ顔になっています。おくさんが病気《びょうき》ではないとわかったので、うれしくてたまらないのです。

「どこも悪《わる》くねえって言われた。あしたからまたふたりで働《はたら》くよ」

けれども、二、三日すると、またおくさんのことが心配《しんぱい》になって、病院《びょういん》へ連《つ》れていきます。

その日の仕事《しごと》は、休むことになります。

「すまないね」

あやまるだんなさんに対《たい》して、川田先生はにっこり。

「ふたりとも年寄《としよ》りなんだから、毎日、医者《いしゃ》のところへ行ってもいいんだよ。みんなそうしてるだろ？」

「うん、そういえば、病院《びょういん》ですがたを見かけない人がいるけど、あの人はだいじょうぶだろうか？」

「おまえねえ、病院《びょういん》で見かけないってことは、元気だってことだよ」

言いながら、先生は大笑《わら》い。

なかよし夫婦《ふうふ》にとって、何よりも楽しみなのは、町の老人会《ろうじんかい》から誘《さそ》われて、いっしょに旅行《りょこう》に出かけることでした。

三ヶ月も前から「何を持《も》っていくか」「何を買うか」「何を見るか」と、ふたりで目をきらきらさせながら、話しあっていました。

旅行《りょこう》からもどってくると、また三ヶ月くらいのあいだ「楽しかった」「よかった」「うまかった」「でかかった」と、興奮《こうふん》してしゃべりあっています。

ほんとうに、なかのいい夫婦《ふうふ》でした。

だんなさんは亡《な》くなってしまいましたが、今は天国から、おくさんを見守《まも》っているにちがいありません。

美《うつく》しい山を残《のこ》す

雪《ゆき》が舞《ま》い落《お》ちてきました。

めずらしく、みるみるうちに積《つ》もっていきます。

こころみ学園の施設《しせつ》の屋根《やね》の上にも、ぶどう畑《ばたけ》にも、しいたけの林にも、からっぽの犬小屋《ごや》の上にも、川田先生と、亡《な》くなった子どもたちのお墓《はか》の上にも
――。

雪《ゆき》のこもり歌に包《つつ》まれて、先生と子どもたちは、同じひとつのお墓《はか》のなかで

眠《ねむ》っています。

杉林《すぎばやし》に囲《かこ》まれた、とても静《しず》かな場所《ばしょ》に、墓地《ぼち》はあります。

お墓《はか》の石には「ここでくらし　働《はたら》いた人たちの墓《はか》」ということばが刻《きざ》まれています。

まぶたをとじて耳をすますと、わたしの耳には、川田先生の声が聞こえてきます。

夢《ゆめ》を語《かた》る、川田先生の声です。

――これまで、しいたけをつくり、ぶどうをつくり、おいしいワインをつくってきました。その仕事《しごと》が自然《しぜん》に流《なが》れるようになったら、あとは緑《みどり》をつくること、山をつくること、きれいな水ときれいな空気を確保《かくほ》することに精魂《せいこん》を傾《かたむ》けたいと思います。

障害者《しょうがいしゃ》の自立を考えない福祉《ふくし》はありません。ほんとうのよろこびは、じぶんの力で生きていくことですから。

そのためには、子どもたちが意味《いみ》のある、絶対的《ぜったいてき》に価値《かち》のあるものに取《と》り組《く》めるようにと考えざるをえません。

それがいまは山をつくることだと思うのです。

効率第一《こうりつだいいち》の考《かんが》え方《かた》から見捨《す》てられた自然《しぜん》を、もう一度《ど》もとにもどすのはたいへんな仕事《しごと》です。

緑化《りょくか》とか環境保護《かんきょうほご》とか、ことばはあふれていますが、必要《ひつよう》なのはすぐにでも取《と》りかかること。「消《き》えてなくなるものに渾身《こんしん》の力をそそぐ」こと。

ピラミッドのように、つくった人たちの名前は消《き》えて残《のこ》らなくても、美《うつく》しい山や川が残《のこ》ったら、それこそ人間としてほんとうに価値《かち》のある人生を生きたことにならないでしょうか。

川田先生の声を聞きながら、川田先生の見た夢《ゆめ》をわたしも見ながら、今夜、眠《ねむ》りにつこうと思います。

あしたの朝、うっすらと雪《ゆき》げしょうをしている山々を目にした子どもたちの、「わあっ！　雪《ゆき》だ」という声で目を覚《さ》ますのを、楽しみにして。

――いつか後世《こうせい》の人たちが「このあたりの山はなんてきれいなんだろう」と言ってくれるような山をつくる。そんな美《うつく》しい仕事《しごと》を、知的障害者《ちてきしょうがいしゃ》と言われたこの子たちがなしとげるのです。そうなったら、山をつくった人が知的《ちてき》に劣《おと》っていたかどうかなど、関係《かんけい》がなくなります。ただ、力いっぱい人間として生きた、名もない人たちの美《うつく》しい山が残《のこ》るだけです。

こころみ学園とココ・ファーム・ワイナリーのあゆみ

西暦	和暦	おもなできごと
一九五八	昭和三十三	栃木県足利市田島町の山にぶどう畑を開こん ぶどう作りをはじめる
一九六九	昭和四十四	こころみ学園が「知的障害者のための入所更生施設」として正式にスタート（11月14日） 園生は三十名（男女十五名ずつ）、職員は九名。園長は川田昇氏
一九八〇	昭和五十五	こころみ学園の考え方に賛同する保護者の出資によって、有限会社「ココ・ファーム・ワイナリー」創立
一九八四	昭和五十九	醸造の許可がおりて、秋からワイン造りを始める。一万二千本を生産して完売した 第一回収穫祭を開催（11月）
一九八九	平成元年	ぶどう畑が深刻な長雨の被害に見舞われ、アメリカの農園からぶどうを買い入れる ブルース・ガットラブがワイン造りにくわわる
一九九五	平成七	子どもたちが親を招待して、カルフォルニアへ五日間の親子旅行。家族、職員、卒園生 などもあわせて二百九十一名が参加した

二〇〇〇	平成十二	第九回日本生活文化賞を受賞 ココ・ファーム・ワイナリーのスパークリングワインが九州・沖縄サミットの首里城での晩餐会に使用される
二〇〇二	平成十四	第一回渋沢栄一賞を受賞
二〇〇六	平成十八	第一回ソーシャル・ビジネス・アワードを受賞
二〇〇七	平成十九	デザイン・エクセレント・カンパニー賞を受賞
二〇〇八	平成二〇	ココ・ファーム・ワイナリーの赤ワインが北海道洞爺湖サミットの総理府人主催夕食会に使用される 東京農大経営者大賞を受賞
二〇一〇	平成二十二	川田昇氏逝去、享年八十九歳 吉川英治文化賞を受賞
二〇一六	平成二十八	ココ・ファーム・ワイナリーのスパークリングワインがＧ７広島外相会合の岸田大臣夫人主催夕食会の乾杯で使用される

作成　編集部

謝辞

本書を執筆するにあたって、こころみ学園施設長の越知眞智子さま、ココ・ファーム・ワイナリー専務取締役の池上知恵子さまに貴重なお話を聞かせていただきました。ここに記して謝意を表します。取材に伺った日、原書房の編集者の相原結城さん、そして著者夫婦をあたたかく迎えて下さった「子どもたち」にも、心からの感謝を捧げます。

【参考文献】

『山の学園はワイナリー』川田昇著、テレビ朝日、一九九九年
『ぶどう畑の笑顔　こころみの実践が自閉症の子供をかえた！』川田昇著、星雲社、二〇〇九年
『ブルース、日本でワインをつくる』ブルース・ガットラブ著、木村博江著、新潮社図書編集室、二〇一四年
『こころみ学園　奇蹟のワイン』川本敏郎著、日本放送出版協会、二〇〇八年
『海へ、山へ、森へ、町へ』小川糸著、幻冬舎文庫、二〇一三年
『やさしくなるとうまくいく　ノートにとめてきた教えと言葉』勝俣州和著、ＫＡＤＯＫＡＷＡ、二〇一七年

【後記】

本作に登場するエピソードはすべて実話です。また、作中に引かせていただいた川田昇先生のお言葉については、先生のご著書『山の学園はワイナリー』と『ぶどう畑の笑顔』をもとにしておりますが、若い読者向けに、読点や改行を加えたり、言い回しを変えたりした部分もあります。

◆著者
小手鞠るい（こでまり・るい）
1956年、岡山県生まれ。同志社大学法学部卒業。1981年、第7回サンリオ「詩とメルヘン賞」を受賞。1993年、第12回「海燕」新人文学賞を受賞。2005年、『欲しいのは、あなただけ』（新潮社）で第12回島清恋愛文学賞を受賞。2009年、原作を手がけた絵本『ルウとリンデン 旅とおるすばん』でボローニャ国際児童図書賞を受賞。そのほかの著書に、『泣くほどの恋じゃない』『あんずの木の下で』『曲がり木たち』（小社）、『優しいライオン』（講談社）、『テルアビブの犬』（文藝春秋）、『アップルソング』『星ちりばめたる旗』（ポプラ社）などがある。ニューヨーク州在住 。

ぶどう畑《ばたけ》で見《み》る夢《ゆめ》は
こころみ学園《がくえん》の子《こ》どもたち

2018年4月24日　第1刷

著者……………………小手鞠《こでまり》るい
装幀……………………永井亜矢子（陽々舎）
装画……………………中島梨絵
写真……………………グレン・サリバン
発行者…………………成瀬雅人
発行所…………………株式会社原書房

〒160-0022 東京都新宿区新宿 1-25-13
電話・代表　03(3354)0685
http://www.harashobo.co.jp/
振替・00150-6-151594

印刷・製本…………図書印刷株式会社

ISBN 978-4-562-05494-7 Printed in Japan

小手鞠るいの本

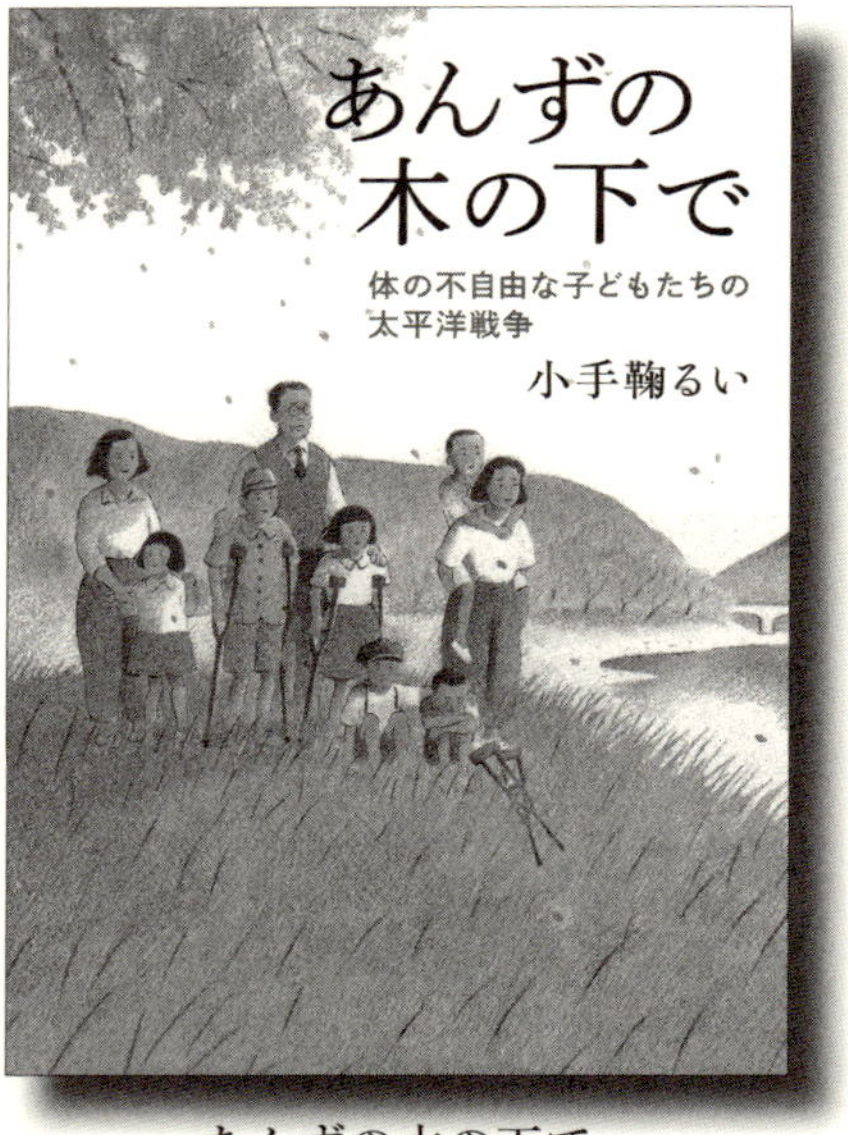

あんずの木の下で

体の不自由な子どもたちの太平洋戦争

それでも生きる——
「お国」に見捨てられても。

国に何度も見捨てられた
障害のある子どもたちの
日本一長い「学童疎開」とは。
知られざる感動のノンフィクション。